Paul for Everyone
Romans Part 1
Chapters 1–8

N.T.ライト
新約聖書講解 9

すべての人のための
ローマ書 1
1–8章

N.T.ライト［著］　浅野淳博［訳］

教文館

This translation of Paul for Everyone: Romans Part 1
first published in 2004 is published by arrangement with
The Society for Promoting Christian Knowledge, London, England
through Japan UNI Agency, Inc., Tokyo

日本語版刊行の言葉

N・T・ライト著 *New Testament for Everyone*（すべての人のための新約聖書シリーズ）の日本語版刊行を、動員された多くの翻訳者と共に監修者として心から喜びます。皆さんの中にはご存知の方も多いと思いますが、著者のN・T・ライト教授はおそらく歴史上もっとも多くの読者を得た聖書学者と言えるでしょう。それは彼が第一級の新約聖書学者として認められていること、その聖書解釈がバランスの取れた穏健な英国の解釈伝統を受け継いでいること、さらに現代のキリスト教会と一般社会に対して責任感のある提案を発信し続けておられることが理由として考えられます。世界中の専門家のみならず一般読者のあいだで高い評価を得ているライト教授が、今回は「すべての人のため」に――研究者のみならず一般信徒、一般読者に向けて――新約聖書全書を分かりやすく丁寧に解説する目的で本シリーズを手がけられました。このシリーズが日本語で提供されることは、日本の教会とさらに広くは日本社会にとって、キリスト教信仰の根幹にある新約聖書に改めて親しく接する機会となるに違いありません。

ライト教授は英国オックスフォード大学で一九九〇年代前半まで教鞭を執られたのち、ロンドン中心街にある有名な英国国教会ウェストミンスター・アビーの司教座神学者として、さらにダラム英国国教会の主教として奉仕され、セント・アンドリューズ大学での教授職を経て、現在はオックスフォード大学で再び教鞭を執られています。非常に多作なライト教授の著書は、すでにその多くが日本語でも紹介されています。教授は特に全六巻からなる代表的なシリーズ――「キリスト教の起源と神の問題」――において、キリスト教起源に関わるこの重要な問題を全網羅的に扱っておられます。その中で、イスラエルの救済史の終結部、また創造秩序の回復プロセスとして教会の時代を捉え、新約聖書全体をこの大きな物語に沿った一貫したムーブメントとして理解しておられます。このような大きな枠組みで新約聖書全体を把握されているライト教授は、私たちのために新約聖書全巻の道案内をするもっとも確かな、したがってもっとも相応しいガイド役と言えるでしょう。ある種のグランド・セオリーによって新約聖書全体を俯瞰的に眺める旅においては、ときとして私たちの慣れ親しんだ視野からは気が付かない風景（解釈）に遭遇することもあるでしょう。そのような風景に刺激を受ける能動的な旅が、私たちをより深い新約聖書理解へと向かわせてくれることでしょう。

本シリーズの各巻は聖書テクストのペリコペ（単元）ごとに、ライト教授自身による原語からの翻訳で始まり、各単元の主題と関連する日常生活の逸話が続き、語彙や古代社会・文化の分かりやすい解説を含めたいわゆる「注解」の部分があり、最終的に私たち読者を深い洞察に満ちた現代的な適用へと導いてくれます。その意味で本シリーズは、すべてのレベルの読者に開かれた、もっともかみ砕かれた新約聖書注解書とも言えるでしょう。その読書体験は、現代的な逸話から古代社会の解説へと時間をさかのぼり、古代社会・文化という背景に親しみつつ教会の信仰の営みに触れ、古代のキリスト者のリアリティから現代的な適用へと引き戻されるという仕方で、単元ごとにライト教授の操縦するタイム・マシンに乗って旅をするかのようです。それは聖書知識やキリスト教教義にまつわる私たちの知的関心を満足させるのみならず、この不安な時代に置かれたキリスト者や一般読者に生きる勇気を与えることでしょう。

私たち監修者と翻訳者は、本シリーズが教会の読書会や勉強会の教材として、また個人のデボーションのパートナーとして、長く親しまれることを期待いたします。

二〇二一年早春

日本語版監修者　浅野淳博
遠藤勝信
中野　実

はじめに

イエスについて初めて公に語り始めた人々は、そのメッセージがすべての人のためであることを強調しました。

教会の誕生という記念すべき日、神の霊が力強い風として吹き込まれると、イエスの弟子たちは神の臨在と新たな喜びによって満たされました。つい数週間前にイエスを拒絶する呪いの言葉を吐き、それを悔いて激しく泣き崩れたペトロは、教会を代表する指導者として堂々と立ち上がります。そして彼は、世界を完全に変えてしまった出来事について語り始めました。そう、神がペトロにもたらした変化は、この世界にもたらされた変革の一部でした。新たな命、赦し、希望そして力が、春の気配を感じて芽を吹き出す花々のように地を満たしました。生ける神がこの世界に新たなことを始める時代が訪れました。「この約束はあなたのためです」とペトロは言います。そして「あなたのすべての子孫、また遠くに離れているすべての人々のためです」と続けます（使二・三九）。この約束は特別な人のためではなく、すべての人のためなのです。

すべての人のためという思いのとおり、今生まれたばかりの共同体は、驚くほどのスピードで古代人が知りうる限りの世界にくまなく広がりました。現在の新約聖書を構成する多くの手紙や福音書などからなる文書群は、広く伝播され熱心に読まれました。これらの文書は宗教的あるいは知的エリートたちに向けられたものではありません。初めからその対象はすべての人でした。

その意図は現在も変わりません。もちろん、歴史的証拠が何で、原語であるギリシア語の本来の意味が何で、各著者が神やイエスやこの世や人類に関していかに語っているか、注意深く分析をする専門家がいないわけではありません。本シリーズがそのような研究の成果に立っていることも事実です。それでも本シリーズは、特にギリシア語が散りばめられた脚註付きの本を読み慣れない人を含めたすべての人のために書かれているのです。新約聖書の内容を語る際にどうしても避けられない表現は**太字**で示し、巻末に短い用語解説を付しました。

今日では新約聖書のいろいろな翻訳版が出回っています。本シリーズが採用する翻訳はすべての人のために新たに訳されたもので、形式的で重厚な文章を多用しがちな伝統的な翻訳とは異なります。原文にできる限り忠実であろうとすることは当然ですが、新約聖書の意味がすべての人にストレートに伝わるような翻訳を試みました。

パウロがローマ市に住むキリスト者に宛てた手紙は傑作品と言えるでしょう。それは多くの主題をさまざまな視点から捉えつつも、説得力のある一つの物語として提供しているからです。その早い物語展開を目の当たりにすると、流れの速い渓流を小舟で下っていくようなスリルを感じることでしょう。舟の縁にしっかりとつかまっていなくては振り落とされそうなほどの、みなぎるエネルギーを感じ取ることができます。理由は明白です。ローマ書は、イエスに関する良き知らせをとおして力と恵みを明示する神について語っているからです。パウロが何度も強調するように、この力と恵みは信じる者すべてに提供されています。すべての人のために書かれたローマ書を読み始めましょう。

トム・ライト

聖書略号表

旧約聖書

創世記＝創、出エジプト記＝出、レビ記＝レビ、民数記＝民、申命記＝申、ヨシュア記＝ヨシュ、士師記＝士、ルツ記＝ルツ、サムエル記上＝サム上、サムエル記下＝サム下、列王記上＝王上、列王記下＝王下、歴代誌上＝代上、歴代誌下＝代下、エズラ記＝エズ、ネヘミヤ記＝ネヘ、エステル記＝エス、ヨブ記＝ヨブ、詩編＝詩、箴言＝箴、コヘレト書＝コヘ、雅歌＝雅、イザヤ書＝イザ、エレミヤ書＝エレ、哀歌＝哀、エゼキエル書＝エゼ、ダニエル書＝ダニ、ホセア書＝ホセ、ヨエル書＝ヨエ、アモス書＝アモ、オバデヤ書＝オバ、ヨナ書＝ヨナ、ミカ書＝ミカ、ナホム書＝ナホ、ハバクク書＝ハバ、ゼファニヤ書＝ゼファ、ハガイ書＝ハガ、ゼカリヤ書＝ゼカ、マラキ書＝マラ

新約聖書

マタイ福音書＝マタ、マルコ福音書＝マコ、ルカ福音書＝ルカ、ヨハネ福音書＝ヨハ、使徒行伝＝使、ローマ書＝ロマ、第一コリント書＝Ⅰコリ、第二コリント書＝Ⅱコリ、ガラテヤ書＝ガラ、エフェソ書＝エフェ、フィリピ書＝フィリ、コロサイ書＝コロ、第一テサロニケ書＝Ⅰテサ、第二テサロニケ書＝Ⅱテサ、第一テモテ書＝Ⅰテモ、第二テモテ書＝Ⅱテモ、テトス書＝テト、フィレモン書＝フィレ、ヘブライ書＝ヘブ、ヤコブ書＝ヤコ、第一ペトロ書＝Ⅰペト、第二ペトロ書＝Ⅱペト、第一ヨハネ書＝Ⅰヨハ、第二ヨハネ書＝Ⅱヨハ、第三ヨハネ書＝Ⅲヨハ、ユダ書＝ユダ、ヨハネ黙示録＝黙

目次

装丁　桂川　潤

ローマ書

ヘイティへ捧ぐ

「私たちを愛した方によって、
私たちはこれらすべてにおいて完全に勝利しています」（ロマ八・三七）。

一章一―七節　新たな王の良き知らせ

[1]王であるイエスの奴隷、使徒として呼び出され、神の良き知らせのために分けられたパウロ
より。[2]神はこの良き知らせを、聖典の中で神の預言者をとおして前もって約束しました。[3]この
知らせは、肉のつながりという点ではダビデの子孫にあたる神の子に関するものです。[4]この方
は、聖なる霊により死者のあいだから甦らされ、神の子として力強く宣言された、イエス、王、
われらの主です。

[5]私たちはこの方をとおして、その名のゆえに、信仰による従順をすべての国々へもたらすた
め、恵みと使徒としての役割とを授けられました。[6]そこには、王であるイエスによって呼び出
されたあなたがたも含まれています。

[7]この手紙は、ローマにいて神を愛するすべての人、神の聖い民として呼び出されたすべての
人に宛てられています。私たちの父である神、王である主イエスから、あなたがたに恵みと平和
がありますように。

科学者たちは幾度にもわたって火星へ探査機を送り込みました。その目的は、地球から一番近いとは言っても何千万キロと離れているこの重要な惑星についてより多くの知識を得ることです。何世紀ものあいだ、人々は火星に知的生物がいるという想像を抱いてきました。もし私たちが火星へ安全に

辿り着いて調査を行うことができれば、より多くの発見が見込まれるでしょう。

多くの人たちが、使徒パウロとローマ書に関して、同じような思いを抱いていることでしょう。キリスト教信仰にいくばくかの知識を持っている人なら、パウロがキリスト教の誕生時期において重要な人物だったと知っていることでしょう。そしてローマ書こそ、パウロの手紙の中でもっとも重要な文書だと知っているでしょう。この手紙が教会の歴史において大きな影響を与え続けてきたことを知っている人もいるでしょう。アウグスティヌスやルターやカール・バルトらが、ローマ書の学びをとおして力溢れる生きた神の声を聞いたのです。しかし西洋世界に生きる多くのキリスト者にとって、ローマ書は火星と同じくらいに未知の領域です。「一度は読もうとしたんだけどね」。彼らは宇宙探査の困難に直面した科学者と同じように言います、「でも途中であきらめてしまって、分からずじまいだよ」。

カトリック教会やそれに近い伝統の教会でキリスト教信仰を育んだ人にとって、パウロはプロテスタント教会が英雄に仕立て上げた人物であり、この人物に対して多かれ少なかれ疑念を向けずにはいられません。しかし、プロテスタント教会の伝統を継承する人が、パウロをより良く理解するかといえばそうとも限りません。一六世紀の宗教改革以降、多くの教会がパウロをキリスト信仰の道案内人と見なし、特にローマ書を基本的教理の重要な教科書として重視してきました。私自身がこの伝統の中で信仰を育み、この手紙を三〇年にわたって詳しく学んできました。ですから私は、この伝統の影響力を理解しているつもりです。それでもこのプロテスタント教会の伝統は、ローマ書という惑星のほんの一部分に足を踏み入れたにすぎません。多くのクレーターを発見し、惑星の構成物質の一部を分析し、惑星表面に将来の探査へとつながる道を備えたことは確かです。しかし惑星の他の部分は謎に包まれたままです。例えばパウロはローマ書で、ユダヤ人と異邦人との共生についてしばしば語りますが、これに関して十分な考察がされてきたとは思えません。今こそ未踏の地に突き進み、新たな地図を作成するときです。そうは言っても、古い地図が不要になるわけではありません。神、イエス、この世界、そして人類について、パウロが示すより大きな枠組みに気が付くならば、パウロとローマ書に関する伝統的な理解にも新たな光が差し込まれることとなるでしょう。

最初の七節を理解するために、もうしばらく火星探査の譬えを続けましょう。ロケットの発射には慎重に設計され、精巧に建設された発射台が不可欠です。何もない平原にロケットを無造作に立て、発射が成功することを願うような無謀なことは誰も想像しません。ローマ書の開始部も注意深く意図的に設計された発射台のようで、ここから手紙全体が確かな展開を始めます。ですから、この開始部の各部分を詳しく見ることから始めましょう。

パウロは古典期の慣習に従いつつ、手紙の冒頭において誰が書き手で、誰が受取手かを明らかにします。しかしこの慣習の制約を受けながらも、可能な限りの情報を盛り込みます。実際この開始部を簡略化するなら、一節と七節で十分です。すなわち、「王であるイエスの奴隷パウロから神を愛するローマの全信徒へ、恵みと平和があるように」。なぜパウロは、このような端的な挨拶で終わらず、多くの言葉を付け加えたのでしょう。

パウロは一般に「福音」と訳される**良き知らせ**を強調します。パウロは「福音」という単語を頻用しませんが、彼の教えの根底では福音が確かに意識されています。パウロは挨拶部でこの福音が何かを明らかにします。それは福音が、パウロが何者かを定義するからです。パウロはじつに、福音を宣べ伝えるために選び分けられました。また福音が、読者である私たちに、この世界を見渡すための見晴台と地図とを提供するからです。五節と六節はまさにこのためにあります。つまり、この世界が王であるキリストに属していること、そしてそこにはローマ市にいるキリスト者も含まれていることを教えているのです。

しかし、このような手紙の書き出しに違和感を持ちませんか。宛先は他のどこでもないローマ市です。それは当時の世界の中心であって、絶大な力を持つ皇帝カエサルのお膝元です。カエサルは「神の子」と呼ばれ、その誕生日は「良き知らせ」でした。臣民は偉大なるローマ帝国に忠誠を誓うよう求められました。この帝国の中心地であるローマ市にあのような挨拶を送ることの危険性に、パウロは気づかなかったでしょうか。いや、むしろ彼は意識的にそうしたのです。パウロは、イエスこそが真の王であり、正当な主であると主張したのです。ローマ市に住むキリスト者がこの点をわきまえて、誰に忠誠を示すべきか、と問うているのです。

じつに四節と五節におけるイエスに関する主張は、カエサルの主張を呑み込みます。イエスこそが真の「神の子」です。イエスはローマが主張する伝統よりずっと古い伝統、すなわち一〇〇〇年も前のダビデ王にさかのぼる古代性を有しています。イエスの復活は奇異な奇跡などでなく、ユダヤ民族が待ち望んできた「死者の復活」の開始を告げ、暴君を踏み倒してこの世に勝利する力を示します。死がこの世の最終兵器ならば、イエスはそれに打ち勝ったのです。

しかし、パウロはカエサルばかりに気を取られてはいません。二節から分かるように、彼はユダヤ教聖典（旧約聖書）の預言者と詩編との豊かな伝統を意識していました。一世紀のユダヤ人は、外国の圧政（具体的にはローマ帝国支配）からイスラエルを救ってその民を治める王の到来についてさまざまな意見を持っていました。パウロはイエスに関する知識――特に十字架と復活――を基にして、一つの理解に辿り着きます。それは、来るべき王とは神の子である、という理解です（サム下七・一四、詩二・七）。「良き知らせ」とは、まさにこのことを神がなした、王がついに来た、という告知です。

この王はいかにして世界に対する支配を主張するでしょうか。良き知らせを携えた全権大使を世界中に派遣することによってです。この全権大使は「使徒」と呼ばれますが、それは「遣わされた者」を意味します。これが、一節と五節とでパウロが述べていることです。

本来「良き知らせ」とは、私たちに起こりうる出来事を指しているわけではありません。もちろん、福音をとおして私たちに起こる劇的な変化は素晴らしいものでしょう。じつに神の良き知らせは、私たちの生き方の変革と希望とをもたらします。しかしパウロが宣べ伝える「良き知らせ」とは、すでに起こった事実を指しています。この出来事によって世界はすでに変わったのです。良き知らせは、イスラエルを含む全世界の真の主、メシアであるイエスに対して神が何をなしたかを告げています。

六節と七節の言葉は、本来ローマ市に住む人たちに向けられていますが、それはまた私たちすべてにも開かれています。私たちもまた、「信仰による従順」（五節）へと呼び出されました。福音とは、買っても買わなくてもよい商品のためのコマーシャルとは異なります。それはむしろ、権威ある者による命令のようであって、それを拒むことは愚行です。世界中を駆け巡ったカエサルの布告は、「私は世界の主ですが、もしあなたがローマ帝国のファンなら、その支配下に入ってみてはいかが」、という控えめなものではなかったのです。

パウロの福音は、カエサルとはまったく異なる王がまったく異なる力を備えてこの世界の真の主となった、という知らせです。そしてこの知らせが私たちにとって実際どのような意味を持つか、パウロはローマ書全体をとおして教えています。

一章八―一三節　ローマ信徒訪問の切望

8まず第一に、あなたがたについて、王であるイエスをとおして私の神に感謝します。それは、世界中であなたがたの信仰が知れ渡っているからです。9私が霊をとおして礼拝し、また御子を宣べ知らせる働きをとおして礼拝する神が証言してくださいます。私があなたがたを祈りの中で絶えず思い続けていることを。10神のご意志によって何とかあなたがたを訪れることができるようにと、私は絶えず神に願っています。11私はあなたがたに会いたいのです。あなたがたを強めるために霊の祝福を分け与えたいのです。12つまり、私たちが共有する信仰によって、励まし励まされたいと思います。13私の大切な家族よ、あなたがたには本当に知っておいていただきたいのです。何度もあなたがたを訪ねる計画を立てたということを。しかしそのたびに邪魔が入りました。諸民族のあいだでも私がそうしてきたように、あなたがたの間で実を結びたいと願っています。

私が最初にローマを訪れたとき、考古学的に重要な遺跡や建造物、古代の宮殿やフォルムなど、あらかじめ見るべき多くの場所をすでに心得ていました。しかしまた多くの新たな発見もありました。特に、街の中心地は大洪水に襲われる危険があるのだと知り、非常に驚きました。ティベル川が街の真ん中をうねるように走っており、いくつかの区域は浸水を免れないほどの低地になっています。川沿いに立つ多くの建物の壁には、過去に水面がどこまで上昇したかが記してありました。なぜそのような危険な場所に街を造らねばならなかったか、今でも不思議でなりません。

古代のローマも現代と同様に、富裕層は高台に住みます。それはローマの七つの丘と呼ばれていました。イエス誕生当時に帝国を治めていたアウグスティヌスは、そのうち一つの丘をほぼ占拠していました。パウロがローマ書を執筆していた当時の皇帝ネロは、フォルムの向かいにある丘に目を見張るばかりの宮殿を構えました。そして現代と同様に、貧困層は川沿いの低地に住みました。当時のキリスト者のほとんどはここに住んでいたことでしょう。もしかすると、権力者たちが住む丘から川を挟んだ対岸に横たわる低地にひしめく家々の一つで、身を寄せ合うように集まるキリスト者たちが、ローマ書の最初の聴衆だったのかもしれません。

パウロは彼らを訪れることを切望しました。しばしばパウロの手紙では、発射台とも言うべき開始部に続いて、受取人のためにパウロが何を祈っているかが記されています。パウロはここで、天と地を創造した神がカエサルのお膝元に共同体を創設したこと、その構成員がイエスを主として忠誠を誓い、ローマ帝国とは異なる王国の希望によって集められ、皇帝崇拝とは異なる信仰を共有していることに感謝します。その信仰とは、イエスを死者のあいだから甦らせた神に対する信頼です（四・二四参照）。古代世界では、また今日においても、キリスト者とはそのような信仰を示す者のことです。パウロはローマ市に住むキリスト者がこの信仰に溢れていることを知っていました。

パウロがローマ市のキリスト者についてこのように知っていたのは、彼の知り合いがローマ市にいたからでもあります。手紙の終結部にある挨拶から、パウロの縁者もローマ市にいたことが分かります。パウロの時代、商売やその他の事情で地中海世界を旅することは比較的容易でした。もっともパウロ自身はいまだローマに宣教の足を伸ばしたことがなく、したがってローマ書はパウロ自身が創設していない教会へ宛てた手紙です。

二世紀の伝承によると、エルサレムでの殺害計画から間一髪で逃れたペトロ（使一二章参照）が、ナザレのイエスこそメシアであり、神がこの方を世界の主となるべく死から甦らされたことを、ローマ市にあるユダヤ人共同体で告げた最初の人物となっています。もしこれが正しければ、パウロはローマ市の教会へ宛てた手紙の中で、ペトロに気を遣わなければならなかったでしょう。ペトロが建てた教会に何か欠損があると言っているなどとは思われたくないのです。したがってパウロは、ローマ信徒とその信仰のために神に感謝し、また互いが互いの信仰によって励まされる機会を心待ちにしている、と伝えたのです。

パウロが「ローマ市の教会」に手紙を書いたと言っても、何百人も収容可能な大きな建物にキリスト者が入れ代わり立ち代わり訪れるような場面を想像しないでください。まだ聖ペトロ寺院などは影も形もない時代です。ローマ書一六章によると、いくつかの民家にキリスト者が集まって、礼拝と祈りを献げ、教えに耳を傾け、パンを共に裂いて食していたようです。一〇〇万人をくだらない人口を有するローマ市に、おそらく一〇〇人を超えるか超えない程度の信徒しかいなかったことでしょう。伝道者にとってはなすべきことがまだたくさんあったことでしょう。まだ「実を結ぶ」（一三節）余裕は十分にあったのです。

これらの家の教会は、異なる背景を持つキリスト者から構成されていたと考えられます。そしてこれら複数の教会のあいだには分裂を引き起こしかねないような問題があり、パウロはそれに注意深く対処しなければなりませんでした。その中でも特に重要な問題をここで明らかにしておく必要があります。

パウロがローマ教会へ手紙を書く五、六年ほど前、ローマ市のユダヤ人のあいだに、ある騒ぎが起こりました。この騒ぎの原因が、キリスト者によってローマ市在住のユダヤ人にもたらされた**福音**だった可能性が高いのです。ときの皇帝クラウディウスの我慢は限界を超え、ローマ市からユダヤ人たちを追放してしまいました。もともとローマ人はユダヤ人を快く思ってはいません。パウロがコリント市に滞在していたときに知り合ったユダヤ人の中には、この騒ぎのためにローマ市から逃げてきた者もいます（使一八・二）。しかし五四年にクラウディウスが没し、続いてネロが皇帝に即位すると、ユダヤ人追放令は解かれます。

この事件が小さなユダヤ人教会に多大な影響を及ぼしたことは推して知るべしです。ユダヤ人追放令の結果、ローマ教会の信徒のほとんどは市内から姿を消しました。残されたのはほんのわずかな非ユダヤ人（**異邦人**）です。異邦人だけになった教会では、神の新たな**教え**が新たな世界で新たな民を迎え入れた、すべての中心であるイスラエルがローマに取って代わられた、と考えたとしても不思議ではありません。古い律法やさまざまな儀礼、食事規定や祭日などは過去のもの。キリストの教えは今や異邦人のものだ、と。上述のとおり、世俗のローマ社会はユダヤ人に対して偏見を持っていました。ならば教会は、ユダヤ的色彩を意識的に取り除こうとしたのかもしれません。

そうこうしていると、ユダヤ人追放令が解かれ、ユダヤ人キリスト者もローマ市内に戻ってきました。これらの中にはパウロの知り合いもいたことでしょう。彼らはパウロと同じように、神がメシアによって律法を成就してその終焉をもたらし、異邦人をも含めた新たな民を形作ったと確信していたのかもしれません。一方で他のユダヤ人キリスト者は、このような奇抜な教えについていけません。神はモーセに律法をお与えになった。その言葉は一つ一つが永遠なのだ、と考えたかもしれません。これらのユダヤ人キリスト者が、律法からの解放を喜び祝う異邦人キリスト者がひしめく家の教会に戻ってきたとしたらどうでしょう。外社会の人種差別と相まって、教会の中にも分裂の兆しが生まれても仕方ありません。パウロはこの問題を、ローマ書の中で丁寧に取り扱います。ローマ書を読み進めるにあたって、このようなローマ教会の事情を意識しておくことが重要だと思われます。

一五章まで進むと、もう一つ大切な問題が明らかになります。それはパウロのローマ教会に対する期待です。パウロはこのあと地中海世界西部の最果てであるスペインへ宣教を進めようと考えていました。その際にローマ教会がこの宣教活動の拠点となるよう願っていました。パウロがローマ教会に対して、彼の伝える福音の内容を十分に理解してほしいと願った理由の一つは、ここにあったのです。しかし手紙の開始部においては、まずパウロがローマ教会のために祈っていることを強調します。ローマ教会の信仰が確かなものであることを神に感謝し、パウロの訪問がローマ教会にとって有益となるように祈ります。これは、牧会者あるいは教師として召されている者にとって、重要な適用点です。もし近々どこかの教会を訪問する機会があるならば、その教会のために祈り、神が自分をその教会で用いてくださるよう祈ることほど、その訪問の準備として重要なことはないでしょう。

一章一四―一七節　良き知らせ、救い、神の義

14私はギリシア人だけでなく野蛮人（バルバロイ）に対しても、すなわち知恵ある者にも愚者にも、責任を負っています。15私があなたがたにも良き知らせを宣べ伝えようとしているのはそのためです。16私はこの良き知らせを恥と思いません。それがすべての人に救いをもたらす神の力だからです。まずユダヤ人へ、そして同様にギリシア人へも。17契約に対する神の誠実さがその中に明示されているからです。それは信仰に始まり、信仰に至ります。ちょうど「義人は信仰によって生きる」と聖典にあるとおりです。

私が子どもの頃、夏休みの楽しみはというと、飛行機のプラモデルを組み立てることでした。各部分を箱から取り出して、一つ一つの部品を枝の部分から切り取り、設計図を見ながらどの部品をどこにつなげるべきかを考えるだけでわくわくしたものです。組み立てには正しい順番が大切です。最初

に胴体部、次に主翼、そして支柱等々、そうして完成です。順番を間違えると、組み立てなかばにして指は接着剤まみれです。

ローマ書一章一四―一七節は巧妙に組み立てられた模型のようですが、設計図はありません。これはローマ書の中でもっとも密度の濃い箇所の一つです。その構造を知るためには、まず各部品を取り外してみる必要があります。そのあとで、もう一度組み立て直し、果たして本当に飛ぶのかを試してみましょう。

分解する前に、全体像を眺めてみましょう。ここでパウロは、なぜローマを訪問したいか、その理由を詳しく述べます。その理由を説明するために、パウロは一―七節で述べた福音の影響を改めて説明します。パウロは神の福音の布告者としてローマを訪れようとしています。福音がすべての人のためである以上、これこそがパウロにとっての使命です。この福音は人類を救いに導く神の力なので、パウロには何も恥じることがありません。この使命は、人類とこの世界を正しい関係へと戻す神の計画、すなわち神の正義を知らしめることによって実現します。

それにしてもパウロはなぜ、福音を恥と思わない、と言うのでしょう。現代の西洋世界では、多くの人々がキリスト教の福音を恥とします。福音のメッセージは新聞やラジオやテレビで揶揄されたり批判されたりするので、キリスト者の多くは自分の信仰をひた隠しにします。これはまさに世俗的勝利主義が望むところです。しかしパウロの時代には、これと異なる圧力がありました。前述のとおり、パウロやローマ教会を取り巻く世界は一つの都市と一人の人物によって支配されていました。ローマ市にいるカエサルが世界を牛耳っていたのです。しかし神の福音は、イエスこそが世を支配すべき王だと主張します。キリスト者はどうすべきでしょう。誰の反感を買うこともないように、自分の信仰を秘め事とするでしょうか。そのようなことはありません。パウロはここで、詩編一一九編四六節の言葉を思い抱いていたのかもしれません。「私は王たちの前であなたの掟を語りましょう。私は恥じることがありません」。これこそがパウロの意図するところです。パウロは他の手紙に記します、「イエスの御名の前に、すべてのものがひざまずく」（フィリ二・一〇）と。カエサルさえも例外ではありません。

パウロはここに、ローマ人の過剰な自尊心を挫くような皮肉を込めているのかもしれません。ローマ人以前に何世紀にもわたって世界を支配してきたギリシア人は、世界を二つに分けていました。つまり、ギリシアとそれ以外です。この「それ以外」をギリシア人は野蛮人（バルバロイ）と呼びました。それは彼らの原語が音楽のように耳に心地良いギリシア語とは異なり、ぶつくさと五月蝿《うるさ》いだけの無意味な音でしかなかったからです。生粋のギリシア人にとって、ローマ人のラテン語もまたバルバロイの一部でした。一四節で述べるとおり、パウロは野蛮人と見なされたローマ人対しても責任を感じていたというわけです。

もっとも、パウロはこの手紙の中で、異なる世界観にも注意を向けています。じつにユダヤ人も、自分たちとそれ以外とに世界を分けて考えます。パウロはこの「それ以外」を異邦人（諸民族）あるいはギリシア人と呼びました。外国人をギリシア人と総称していたのは、当時の世界がギリシア語を話していたからです。ローマにおいても多くのギリシア語を話す移民が住んでいましたし、最初のキリスト者たちはギリシア語を話していたようです。パウロが語る福音は、ユダヤ教聖典とその伝統に基づいていたとしても、ギリシア人とユダヤ人とのあいだの壁を乗り越えて、唯一の神がその愛と力によってすべての人を救うのだと宣言したのです。ここに福音の爆発的な影響力があります。これが本ペリコペ〔訳者註　主題的にまとまりのある単元で、本書では各章の下の各単元を指す〕の中心的テーマであり、またローマ書全体の中心的主題なのです。

一六―一七節を詳しく見ましょう。まず、福音とは神の力です。パウロはこの力がイエスを死者のあいだから甦らせ、真に神の子であることを証明したと述べました（四節）。そしてこれは、今日に至るすべてのキリスト者にイエスが主であると認めて公言させる神の力です。パウロはその宣教活動の体験をとおして、イエスが十字架で死んで甦った世界の主であることを宣言するとき、私たちに何かが起こることを知っていました。イエスが死んで甦ったときに生まれた新たな世界は、福音の宣言を聞く人々の心と思いと生き方とに新たな命の息を吹きかけます。これこそが、神の子を忠実に知らしめる働きをとおして体験できる神の力です。

その結果が「救い」です。これは非常によく耳にする語ですから、キリスト者はその意味が明らかであるように考えがちです。一般的な理解では、私たちが死んだら天国に行くということでしょう。しかし新約聖書では、そして特にパウロは、そのような意味で救いを語ることがほとんどありません。もちろん新約聖書は、神が人々を死から救出すると教えます。死は敗北した敵であり、死の腐敗と堕落は決定的な影響力を失いました。しかしこれは、私たちが肉体のない存在として天国に行くことを意味しません。神は腐敗と堕落から全被造物を救い出し、キリストの復活の体と同じ体を神の民に与えて、新たな世界に住まわせるのです。これに関しては、ローマ書八章が詳しく述べます。この「救い」は、将来において輝かしい全貌を見せますが、決して未来に限定されるのでもありません。その影響は現代にも及び、罪の状態から人々を救い、神の民を困難や迫害から守ります。「救い」とは未来の希望でありながら、今ある現実です。じつにこの救いが人の命に触れるとき、それはその人にとって歴史的な出来事となります。人は過去の時点で救いを体験し、今救いを体験しており、将来において救いを体験するのです。

この救いは信じるすべての人のものです。十字架にかかり死んで復活したイエスが世界の主であるという福音のメッセージを、私たちは信じ受け入れる必要があります。キリスト者にとって信仰とは、見えないこと、証明しえないことを確信することです。信仰とは見えることとの反語でもあり、また疑いの反語でもあります。福音への信仰とは、神がイエスを甦らせ、このイエスこそが世界の主であることを、確信することです（四・二四、一〇・九参照）。福音が人の心に届き、霊の力によって心が揺さぶられたとき、最初に起こることがこの確信です。そしてこの確信には神の約束が伴います。それは、福音を信じる者が神と「正しい関係」を築くことです。この約束は、最後の審判を待たずしてキリスト者へ与えられます（三・二一―三一参照）。神の民という正しい関係を築くことは、平等に「まずユダヤ人へ、そして同様にギリシア人へも」起こりうるのです。

一七節には、爆発的な影響力を有する概念が含まれています。預言者や詩編著者はしばしば神の「正義」について語ってきました。この正義とは、創造主である神が、被造物をあるべき正しい姿にすることです。彼らが用いる「正義」や「義」や「正しさ」という語は、すべて同じ語根からできています。残念ながら、この語を私たちの母語に当てはめようとしてもなかなかうまくいきません。ローマ書を読み進めるコツは、これらの語のどれか一つに出くわしたときに、それと同じ語根の語を一緒に思い浮かべることです。

神の正義とはそれほど複雑な概念ではありません。もし神がこの世界を創造し、今でも支配しているならば、なぜ災難や悪が蔓延《はびこ》るのでしょう。神はこれを放置し続けるのでしょうか。いいえ、神はこの世界をあるべき姿へと回復するのです。そのために神は、一つの民族を選び出し、愛情深い関係を築きました。この関係性を**契約**と呼びます。しかし神は、この民族だけを救おうとしているのではありません。神はこの民、アブラハムの民族を選び分かち、この民をとおして、全世界を救う計画を知らしめようとしたのです。神がアブラハムと結んだ契約は、全人類を悪と腐敗と死から救うためにあります。神は全世界の回復のための正義を遂行するにあたって、この契約に対していつも誠実であり続けます。これこそが「神の義」の究極的な意味です。一般に「義」と訳される語を、私は「契約に対する神の正義」と訳します。これがローマ書における中心的主題です。

イエスの福音が宣べ伝えられるとき、パウロは、神の「正義」、「契約に対する誠実」、また伝統的な語を用いるならば「義」が、明示されると言います。こうして神は世界をあるべき姿へと回復し、私たちをあるべき姿へと回復するのです。

パウロはこの神の計画をもう一度繰り返して述べます。それほどこの計画はパウロにとって重要なのです。神が約束した契約に対する誠実さと正義を体験するためには、私たちもまた誠実でなければなりません。五節でパウロが述べるような「信仰による従順」によって応答する必要があります。この点をユダヤ教聖典によって支持するため、パウロは預言者ハバククの言葉（二・四）を引用します。

ハバククはイスラエルに迫る危機の時代にあって、神の誠実さに信頼することを学びました。その誠実な態度こそ、パウロが読者に求めるものです。メシアであるイエスにおいて、神はその契約と約束に対する誠実さを示しました。イエスに関する良き知らせを信頼する者は神の誠実さによって包まれ、再び取り去られることのない救いを得るのです。この手紙の冒頭にあたってパウロは、人類がいまだ耳にしたことのないほど素晴らしい真実を端的に要約しているのです。

一章一八―二三節　神の拒絶と堕落

[18]不正によって真実を抑え込む人すべての不敬と不公正に対する神の大いなる怒りが、天から啓示されました。[19]神に関して知りうることは、彼らにとって明らかです。それは神ご自身が彼らに明らかにされたからです。[20]当然のことながら、神に関して見ることができない点――永遠の力や神性――はあります。しかし天地創造以来、これらは神が創られたものをとおして知ることができるので、彼らには弁明の余地がありません。[21]彼らは神を知りながら、神を神としてたたえることも感謝することもありませんでした。彼らは歪んだ思いに走り、その心は暗くなりました。[22]彼らは自らを知者と名乗りましたが、実際には愚かな者となりました。[23]彼らは、不滅の神の栄光を、死に至る人、鳥、けもの、爬虫類の姿と取り換えてしまいました。

私は最近、ブナの木の伐採作業を見る機会がありました。その作業は大変危険なものです。作業員がチェーンソーだけでなく、ロープや、その他の木に登るための道具をうまく操る無駄のない作業に驚きました。しかし、大きな幹が切り落とされると、さらに驚きます。木の根元が腐っていたので、伐採は必須だったのです。木の外見を見ただけでは、どこが悪いかまったく分かりません。枝の先に生えた葉を注意深く調べたなら、病気の一端を見抜くこともできたかもしれません。木の幹に菌類が生息していることには気づきましたが、それは特段珍しいことではないでしょう。このブナの大木は樹齢二〇〇年を超えますが、健康そうに見えていました。しかし専門家の目は、菌類がブナの根を腐らせていることを見逃しませんでした。もう一、二年のうちに根が木の重さに耐えられなくなり、危険な状態になるので、伐採は必須だったのです。

それでも実際に見るまで、私は信じられませんでした。専門家の取り越し苦労ではないのかと思いました。しかし直径が一五〇センチもある幹が切り倒されて、初めてその問題を理解しました。外側の一〇センチ幅は健康そうに見えますが、その内側は黒く腐敗した部分が四メートルの高さまでまだら状に広がっています。腐敗は時を経ずして、木全体に広がったことでしょう。そうなると大変な事故につながりかねません。

パウロは、神による正義と救済が到来したことを早急に知らせなければならない理由を述べますが、それは木がその中心まで腐敗しており、間もなく崩れ落ちる運命にあるから、と言えるでしょう。ここでの木とは人類であり、あらゆる面で創造主への反抗を極めていたのです。人類はいつも神の計画において中心的な位置を占めていました。これが「神の似姿」（創一・二六―二七）が意味するところでもあります。したがって人類が道を踏み外すと、被造物すべてが機能不全に陥ります。この宇宙規模の救済が、ローマ書八章の中心的主題です。しかしパウロは、本ペリコペにおいて根本的な問題である人類の反抗について語ります。人類はその核となる部分が腐敗しており、やがて崩れ落ちる運命にある、その兆候が見て取れる、ということです。一八―二三節は、根元の腐敗について述べています。

人類は、創造主である神を知り、礼拝し、愛し、そして仕えるように創られています。それが人にとっての健康で有意義な生き方です。これは神を神として認めて敬意を向け、全被造物に及ぶ神の力に服する生き方であり、神の前にへりくだるあり方です。パウロは、人がこの真理から目を逸らし、神をたたえて感謝することを止めてしまったと述べます。この箇所を十分に注意しておきましょう。なぜならローマ書四章では、神をたたえて感謝する行為を支える信仰こそが、人間性の回復であると述べられているからです。すべての樹木は根まで腐ってしまいましたが、この病気は回復可能です。パウロはこの回復について述べようとしているのです。

そして本ペリコペでは、この病気がどのように広がったかが説明されます。神に関する真理から目を逸らすことは、邪悪な行動へと人を導くのでなく――それはあとから起こるのですが――、まず歪んだ思いや荒《すさ》んだ心へとつながります（二一節）。これは哲学者の多くが見過ごす点なのですが、ものの考え方には健康・不健康があるのです。思考が必ず良い結果をもたらすわけではありません。コンパスは磁場が歪んでしまえば正しい方向を指しませんが、同様に人の理性は必ずしも正しい導き手ではありません。神に反抗する人類にとっての大きな悲劇は、創造主が与えた知力を無駄にしてしまうことです。頭の良い詐欺師は人を騙して逃げおおせるためにその知力を用います。あるいは賢い暴君は、自分に力を集中させて人を支配するためにその知力を用います。そのような行為のために自分に与えられた知性を用いることを想像してみましょう。

歪んだ思いに伴って、私たちの心は暗くなります。古代思想家の多くは、人の心に動機が据えられていると考えました。したがって心は光の源であるはずですが、神に抵抗する者の心は暗くなります。これが木の根元の病気です。それでも木は何年も生長し続けることでしょう。人はそれを見て健康な木だと思い込みますが、じつは致命的な病にむしばまれているのです。

人はこの病について自分自身と他人とを騙します。パウロが二二節で述べるとおり、本当は愚かな人々が自分を賢い者と思い込み、またそのように言い張ります。これこそが、グローバル化が進んだ情報社会に見られる現象です。私たちの常識や知恵は、他の文化、社会においては非常識であり愚かささえありえます。ある人は、核兵器をできるだけ多く保有することが国の是だと考えますが、他の人はそれを愚の骨頂と考えます。ある人は高齢者や病人に安楽死を促すことが賢さだと考えますが、他の人はそれを知恵の欠如だと判断します。私たちは何をもって正しい判断をすればよいのでしょう。

パウロはこの点にも答えます。しかしここではまず、三二節でも繰り返される重要な点を確認しましょう。それはつまり、ある行動が賢明で正しく、ある行動が愚かで誤りであると強く確信する人が、まったく間違っているということがありえるのです。これは何も、道徳の基準は相対的で、それぞれの文化によって異なりうると述べているのではありません。そうではなく、特に自分の利益が関わるとき、人は自分自身を偽ることがあるということです。

歪んだ思いと心の暗がりから湧き上がって押し寄せる最初の死のしるしは、礼拝を怠ることです。私たちは神を礼拝し、神の姿を反映するように創られています。パウロは創世記一章を意識しながら、人が偶像を造ってしまったことを皮肉たっぷりに指摘します。これらの偶像は、腐敗と死に向かう運命にある人の姿を映しています。それだけでは飽き足らず、人は下等な生き物をも拝み出したのです。

現代人は、石や木を彫ってそれを拝む古代人の慣習を愚かしいと簡単に笑うでしょうが、私たちもじつは同じことをしています。現代人も金、性、力などの偶像に膝をかがめます。歪んだ思い、暗くなった心、そして神でないものへの尊崇、これが傍観者からは容易に見抜けない病であり、この病が大木をも倒してしまうのです。

ここで議論は本ペリコペの最初の節につながります。すなわち、神の正義は人の迷走の結果である不敬と不公正とに、真っ向から対峙します。「不敬」とは、生ける神に対する礼拝と敬意と感謝を怠ることの結果です。「不公正」はこれに追随します。混迷する人の生活と社会において、修正が必要な状態です。戦争が起こると最初に犠牲となるのは真実ですが、人が神に反抗するときにも真実が犠牲となりがちです。

その結果が神の怒りです。これは、神が無慈悲で気まぐれな癇癪持ちだということではありません。その反対です。ローマ書二章で確認することになりますが、神は寛容で優しく、また忍耐強い方です。神はまた、この世界とその住民である人類を心から愛しています。しかし、もしこの世界と人類を傷つけ辱め破壊するような行いがあるならば、神がそれを永遠に放任することはありません。強姦、殺人、拷問、経済的抑圧、これらを神は憎み、これらに対して怒りを向けます。もしそうでなければ、良い神とは言えません。瀕死の状態にある樹木を、神は何の問題もないと放ってはおきません。パウロも同様に、不正を憎みます。私たちが悪について考えるとき、二つの極端な理解に陥りがちです。一方はこの世界に善はまったく存在しないという理解であり、一方はこの世の悪は大したことでないという理解です。現代社会は、後者の理解に陥りがちです。私たちは、人類が未曾有の悪を体験してきたことを容易に忘れてしまうようです。パウロは、より実体験に沿った理解に私たちを軌道修正してくれます。樹木が瀕死の状態であり、緊急の処置が必要であることを教えてくれているのです。

一章二四―二七節　不純な欲望と身体への陵辱

[24]したがって神は、彼らの心の思いを汚れへと引き渡されました。その結果、彼らは互いのあいだで自らの身体を陵辱しました。[25]彼らは神の真実を嘘と取り換え、創造主の代わりに被造物に仕え拝みました。創造主なる神がたたえられますように、アーメン。[26]したがって神は、彼らを恥に満ちた欲望へと引き渡されました。女性でさえ不自然な性的営みを求めて自然な営みを離れました。[27]そして男性も、女性との自然な性的営みを離れて、互いに対する情欲に燃え上がりました。男性は男性と恥ずべき行いに走り、その誤った行いの報いを受けたのです。

音楽について何も知らない人が、初めてバイオリンの弓を見たという状況を想像してみましょう。その人は、弓が精巧に作られているとは思うでしょう。でも、何の目的なのでしょうか。何かを拭いたり磨いたりするには細すぎます。庭仕事の道具にしては華奢ですぐ壊れそうです。先端には弦の部分を緩めたり絞めたりできるねじがついています。何をするものだろう、そのように思うことでしょう。

誰かがヴァイオリンを取り上げて、弓を構え、演奏をしたところで、すべての謎が瞬時に解けることでしょう。弓だけ見ていても、それが何をするものか分からない、ましてや美しい音を奏でるなど想像できないことでしょう。同様にヴァイオリンも、それだけ見てもいったいどのように演奏するか分かりづらいことでしょう。何世紀も前から、ヴァイオリンと弓とは、相手があって初めて完成するものなのです。

もちろん男性と女性は、ヴァイオリンや弓とは異なります。もちろん男性は一人でも――女性なしでも――完全でありえます。イエス自身がそうでした。女性の場合も同様です。それでも右の例は、人類が創造主の意図から逸れていった様子を説明するパウロが前提としていた世界観を理解する助けにはなります。本ペリコペが扱う主題に関して、すべての人が納得する説明は見出せないでしょう。それを理解しながらも、一つの説明を試みてみましょう。

本ペリコペにおいて、パウロは一つの聖書物語を念頭に置いています。それは創世記一―三章にある創造秩序の物語です。人類がいかに神の意図から逸れてしまったかを描くのなら、モーセの十戒あたりがより効果的ではないか、そう考える読者もあるいはいるでしょう。じつに十戒はのちに、ローマ書一三章八―一〇節で登場します。パウロはのちに律法の問題について触れますが、それも念頭にあったのでしょうか、イスラエルの律法をこの段階で持ち出すことが適切でないと判断したのでしょう。パウロは人類が犯した過ちを、たんなるのちに与えられた律法規定の違反ではなく、原初に定められた創造秩序という根本的な枠組みからの逸脱として示そうとします。

創造秩序とは、創造が偶然や気まぐれの産物でなく、明らかな意図によることを意味します。創世記一章をもっとも重要な神学的声明として捉えるパウロは、人類が神の似姿に創られ、その他の被造物に対する責任を任されていると考えます。人は実を結ぶことが命じられています。すなわち、「男と女」という互換関係において、神が創造した良き世界で命が繁栄する可能性を喜んで体験するのです。人には園の管理人として神の秩序を世界にもたらす責任が与えられています。男性と女性は互いに異なる存在として共に生きるように創造され、神と共に創造の音楽を奏でるのです。たんに似た者同士の集まりでなく、異なる者同士の協働によって、神が意図した枠組みが豊かに保たれます。

パウロにはこのような世界観が念頭にあったので、人類の腐敗を指し示す例として最初に挙げるには相応しいと思えない同性愛関係をあえて持ち出しています。パウロがこの問題を最初に取り上げたのは、たんにユダヤ人が他文化社会において十分に受け入れられていた同性愛を忌み嫌い、これを禁止していたからではありません。また、たんに皇帝ネロが同性愛行為だけでなく奇異な異性愛行為に耽っていたことを念頭に置きつつ、当時の帝国体制がその中核において腐敗していたことを指摘しようとしたからでもないでしょう。このような意図がなかったとは言い切れませんが、それはパウロの中心的な関心事ではありません。

あるいはときとして指摘されるように、古代における同性愛行為が宗教的売春行為や年配者の若年者に対する搾取的行為であったことをパウロが批判しているということでもないようです。もちろん、このような文脈での同性愛行為は事実としてあったのですが。皇帝ネロの例から分かるとおり、「同性婚」も古代において皆無ではなかったのです。プラトンは同性愛に関する真面目な議論をしていますます。現代社会はこの現象をいろいろな名前で呼びます。「ゲイ」「ホモセクシュアル」「レズビアン」などです。これらの名称が曖昧に指し示すさまざまな感情や行動が、最近になってやっと取りざたされるようになったと考えることは誤りです。

パウロはたんに、「ユダヤ人はこれを承認しない」とか「このような関係性は不平等で搾取的だ」とか述べているわけではありません。あるいはパウロは、同性愛者が具体的な偶像礼拝という行為をとおして、同性に対し性的に惹かれるようになった、と述べているのでもありません。また同性愛者が、異性愛を意識的に拒絶したと言ってもいません。パウロはこのような個人主義的な考えではなく、より包括的な視点で全人類について語っています。パウロは「世の中には例外的に邪悪な人間がいて、彼らが同性愛に耽っているのだ」と述べているのでもありません。ただ、創世記が創造秩序の象徴として用いる男と女との創造を意識しつつ、全人類が創造秩序から逸脱したことの象徴として同性愛に言及しているのです。

アダムとエバがエデンの園で神の声の代わりに動物の声に耳を傾けたように（二五節参照）、人類が神の真理を手放してしまい、その結果として彼らがその欲望のままに進むことを神が引き留めなかったこと、ここにパウロの焦点があります。のちにパウロは、アブラハムの神に対する信頼とその結果について述べますが（四・一八―二二）、ここでは人類がもう一度神を信頼して神に栄光を帰すことをとおして、ローマ書一章の問題が解決されることを意識的に述べています。この全創造的で包括的な視点によってパウロを理解しなければ、ただでさえ不幸なことにセンシティブな問題を表面的な議論によってより混乱させることになりかねないのです。

パウロは、「神は引き渡された」という表現を繰り返します（二四節と二六節、また二八節にも）。神が人類に責任を与えるとき、神は本気です。私たちが個人的にする決断でも、また人類全体としてする決断でも、神はその結果を責任をもって引き受けるよう促しています。神は注意を与え、悔い改めて方向転換する機会を与えます。しかし私たちが偶像礼拝を選ぶならば、私たちの人間性が少しずつ崩壊していくことを覚悟しなければなりません。もしあなたが神を礼拝するならば、あなたはその神の似姿に創られているので、神の姿はあなたをとおしてより輝きを増し、あなたはますます人間らしくなるのです。もしあなたが（ここで「あなた」とは個人ではなく人類全体）生ける神以外の何かを礼拝するならば、それはたんなる被造物なので、腐敗と死に向かっており、あなたの人間性は減退するのです。

パウロが同性愛に言及するのはこの二節のみですから、これによって彼の同性愛に関する立場を確定することはできません。ここに――あるいは新約聖書全体に――表されているのは恣意的な規則ではなく、人類の本質とは何かを示す深い神学的考察であり、自らを欺く無限の能力に関する警告なのです。

一章二八―三二節　迷走する思いと迷走する行為

[28]それだけでなく、彼らが神に関する知識を支えとすることをよしとしなかったので、神は彼らを不健康な思いへと引き渡し、その結果として彼らは不適切な行動へと向かいました。[29]彼らはあらゆる不公正、よこしま、むさぼり、悪意によって満たされ、嫉妬や殺人や対立や虚偽や悪知恵に埋もれました。彼らは悪口を語り、[30]中傷し、神を憎み、奢り、高ぶり、自慢し、悪事を練り、親に歯向かい、[31]愚かで不誠実で冷酷で無慈悲になりました。[32]彼らは、神がこのような人を死に値すると正しく定めたにもかかわらず、それらを行うのみならず、それらを行う人を支持するのです。

以前私はある学校の授賞式に参席したのですが、そこで校長先生が興味深い話をされました。その話の中で、誰がいつ書いたものかを明かさず、ある文章を引用されました。その文章は、いかに若者たちが堕落へと向かったか、年配者を敬わず、文化や伝統に心をとめず、快楽のみを追求し、粗暴でだらしなく怠け者になったかを、とうとうと述べています。校長先生は最後に、この文章が書かれたのが紀元前五世紀のアテネだったと付け加えました。いずれの世も、古き良き時代という錯覚の中に生きているようです。

この世界がどんどん悪い方向に向かっていくという印象は、悪人の数が日に日に増しているというよりも、むしろ私たちの現実を見つめる目が日に日に鋭くなるからかもしれません。果たしてこれが慰めになるかは別問題です。人類の歴史が始まってから久しくなりますが、この世界はいつも涙があれば笑いもあり、愚かさと悪意があれば賢さと善意もあります。ですから、このペリコペが描く人類の堕落を翻訳するにあたって、私は不思議と共感せずにはいられません。こんな人はどこにでもいる、と思わずにはいられません。新聞で読むこともあれば、街ですれ違うこともある。そういえば、そんな人からメールをもらったばかりだ。でも私が気に病むのは、そのような人を街で見かけるときではなく、むしろ毎朝鏡の中にそのような人が映り込むことです。善悪の境界線は、「私たち」と「彼ら」を分かつのでなく、私自身を引き裂くのです。本ペリコペの中盤（二九―三一節）の描写は人類の生々しい現状を映しています。これらの表現には説明を付け加える必要もないでしょう。このような人しか住んでいない街に住むとしたらどうでしょう。それは悲惨な体験でしょう。これらの行動はその行為者自身にとって破壊的であるのみならず、周りの人にとっても破壊的です。そのような人と過ごす時間は苦痛以外の何ものでもなく、そのような人々によって共同体を打ち立てることは不可能です。C・S・ルイスは地獄を描写して、人が互いにますます疎遠になっていく場と言いました。

しかし、このペリコペにおいてもっとも印象的なのはその開始部と終結部です。パウロはもう一度、「神は彼らを引き渡した」と述べます。これは、「それでは、思うがままにすればよい」と神に言われた人間の状況です。人の行動だけでなく、その思いまでもが崩壊していく姿です。「神は彼らを不健康な思いへと引き渡し」、とパウロは述べます。これは「彼らが神に関する知識を支えとするのをよしとしなかった」ことの結果です。しばしば私たちは、肉体が心の思いを凌駕した結果、人は悪い行いへと進むのだと誤解しますが、パウロはそのように言いません。悪は私たちの思いが歪んだ結果であり、肉体はそれに追随するのです。

それゆえに、本ペリコペ最後の言葉には身が引き締まる思いです。「それらを行うのみならず、それらを行う人を支持するのです」。しかし、悪行の行為自体が悪いのであって、そのような思いを抱いたり、賛成したりすることが悪いわけではない、と言う人もいるでしょう。しかしそうではありません。

例えば刑務所を訪問して、殺人を犯した受刑者二人に会ったとしましょう。そのうちの一人は反省して、以下のように言います。「悪いことだとは分かっていたけど、あのときはどうしようもなかったんです。今は重大な犯罪を犯してしまったという事実に向き合って、この事実と共に生きてゆくつもりです」。もう一人が言います。「なんとも甘ちゃんになったもんだ。こんなひどい世の中にいて、何が善悪だ。俺が殺した奴はくず野郎だったんだ。いない方が世のためだ。裁判官には表彰してもらいたいくらいだ」。私たちはどちらの世界に住みたいでしょうか。悪が誉められて善が蔑まれる世の中よりも、悪があったとしてもそれを悪と認識する世の中の方がずっと良いと思うことでしょう。

彼らは神の定めを知っています。このようなことをする者は文字どおり「死に値する」と。誤解してはいけません。神は気まぐれに律法を制定したのだ、と考えられることがあります。神は（もし神がいれば）自分のために規則を作り、それが守れない人間を懲らしめて喜んでいる、と。たしかにそのような為政者はいました。皇帝カリグラが良い例でしょう。彼は新しい規則を作っては、それを小さな文字で記して高い壁の上の方に貼り付けるものですから、だれもそれを読むことができません。

そうしておいて、その規則を破る者を処罰したのです。

しかし、神や神の法をそのように理解すること自体が、パウロが述べる歪んだ思いの結果なのです。神の定めとはそのようなものではありません。律法は創造秩序のうちに深く組み込まれているのです。したがって、邪悪な行動は本来的に破壊的です。それは標識のように死を指し示します。殺人やその他の暴行において明白なだけでなく、陰口や中傷についても同様です。それはおうおうにして、弁解の機会も与えずに人の名誉や生活を傷つけるのですから。傲慢で尊大な人たちは、境界線を無視して他者が生きるスペースに割り込もうとします。神が創造した世界では、愛の表現としての善意や柔和や寛容が命を与え、悪が命を奪うようにできているのです。「神は引き渡された」（二四、二六、二八節）と言ってパウロが崩壊のシナリオを描くとき、それ自体が究極的な死ではありません。この死は最終的な罪の裁きであり、それはローマ書二章の主題です。ローマ書一章は、来たるべき死がその影を今の時代に向かって長く延ばしている、凄まじい光景を描いているのです。この光景に少しでも心を騒がされるならば、ローマ書においてパウロが提供する解決がどのようなものか、関心を抱いて読み進めましょう。

二章一―一一節　神の公正な裁き

1 裁きの座につくあなたがたに、それが誰であれ、言い訳はできません。あなたがたが他人を

裁くとき、あなたがたは自らを断罪しています。なぜなら、裁く者のようにふるまうあなたがた
も同じことをしているからです。[2]神の裁きが、これらのことを行う者の上に確かに下ることを
私たちは知っています。[3]それらを行う者を裁きながら、自らも同じようにふるまっているあな
たがたは、神の裁きを避けることができると本当に考えますか。
[4]あるいは、あなたがたは神の豊かな親切と寛容と忍耐とを軽んずるのですか。神の親切があ
なたがたを悔い改めへと導くためのものであることを知らないのですか。[5]あなたがたはその頑
なな心で悔い改めることを拒み、神の裁きが明らかになる怒りの日に向かって、怒りを積み上げ
ているのです。[6]神は「人それぞれの行いに対して報いるのです」。
[7]人が忍耐をもって善を行いつつ、栄光と誉れと不滅とを求めるならば、神は来たるべき世に
おける命をお与えになります。[8]しかし自らの欲望に従ってふるまいつつ、真実に従わないで不
正に従うなら、憤りと怒りとがあります。[9]誰でも悪を行うなら、悩みと苦しみとがあります。
ユダヤ人をはじめとしてギリシア人にもです。[10]そして、誰でも善を行うなら、栄光と誉れと平
安があります。ユダヤ人をはじめとしてギリシア人にもです。[11]ですから神は分け隔てをなさら
ないのです。

更正のチャンスはないのでしょうか。ある若者が工場で働き始めて一か月が経ちます。彼は働き者なのですが、一つ厄介な問題を抱えています。彼は相当な癇癪持ちで、一度気分を害すると手のつけようがありません。分別を忘れて暴力を振るいます。先輩技師が兄のようにふるまって彼を諭します。

「怒りを抑えることを覚えるんだ。これは警告だぞ。今度同じことを繰り返したら、監督に報告するからな」。

若者は同じ過ちを繰り返します。若者に目をかけていた先輩技師は、やむなく監督に報告しました。監督は、自分の知らないところで問題が何週間も続いていたことに立腹します。即刻解雇を突き付けようとする監督をなだめ、先輩技師はもう一度チャンスを与えるように訴えます。「私が厳しく言い聞かせますから」と。

しかし若者は三日ともちません。食堂で昼食をとっていると、濡れた床に足を取られた同僚が、持っていたコーヒーを若者のシャツにぶちまけてしまいました。若者は顔を真っ赤にして立ち上がり、同僚の胸ぐらをつかむと激しく殴り始めます。先輩技師にとってはとても悲しい出来事でした。もはや言い訳の余地はありません。更正のチャンスを与えられた若者は、その機会を用いてさらに状況を悪化させてしまったのです。

ローマ書でパウロが描く神の最終的な審判の描写は、この先輩技師が若者を取り扱う様子と似ていなくもありません。神は人類一人一人を最善の方向へと親身になって導こうとしています。これは結果を気にしない放縦とは異なります。もし神が親身に私たちを気にかけることをせず、一つ一つの細かい過ちを逃さず責め立てるのであれば、私たちはもうとっくにこの世界から吹き飛ばされてしまっているでしょう。しかし神は忍耐強く、人が何度でも更正するチャンスを与えます。悔い改めて神に信頼することを待っています。

もしそれでも人が神に立ち返らなければどうでしょう。その時は、パウロが四節と五節で述べるように、最後に下る審判を待つのみです。右の話の若者には弁解の余地がありません。彼は与えられたチャンスを適切に用いることができませんでした。人はときとしてこれと同じ道を辿ります。

パウロはここで他書のどの箇所よりも明らかに最後の審判を描いています。人はしばしば、審判とは旧約聖書の概念であり、新約聖書にあるのはただ慈悲だけだと考えます。まったくの空想です。もちろん新約聖書は、イエスの死のうちに明らかにされた驚くべき神の愛を強調しています。ローマ書でも後続する章でこの点が語られます。しかし、もし人が神の愛を拒み続けるならば——愛は強要しないので、人はそれを拒むこともできるのです——、それに代わるものは何もありません。神は正しく愛に溢れた創造者であり、この世を正しく導こうとしています。前章が描く人間性を見失った人たちは、自らを破滅へと導くのです。邪悪な行為を続け、更正のチャンスを拒み続ける人は、破滅へと自ら進んでいるのです。それ以外に道はありません。

このような審判の様子が描かれたとき、それによって道徳的な優越感を抱く人がいるでしょうか。私の書斎にはパウロと同時代の著作家の書が並んでいます。例えばセネカです。彼は道徳的また哲学的な事柄に関して深く考察し、彼が不道徳とみなした事柄に関して自分は潔白であると考えました。しかし彼の同僚たちは、セネカ自らが定めた道徳的規範を、ときとしてセネカ自身が破るのだと証言しています。セネカとその同僚は、古典的な問題に遭遇して困惑します。すなわち、なぜ人は正しいと考えていることをその通りにできないか、という問題です。

いわばパウロは本ペリコペにおいて、異教の「良識人」と言われる人たちが誇る武具に致命的な裂け目があることを暴露しているのです。パウロに対してそのような「良識人」は言うでしょう。「われわれの周りで行われている恐ろしいほどの不道徳に関して、君が手厳しく非難する気持ちは分かるよ。私も同じように驚きと憤りを抱いているからね。でも君もわれわれもそういう輩とは違うという点は認めてくれるだろう。わずかな教育と意志によって、われわれは良識ある市民が求める徳に達するのだから」。

パウロはこれに対して、非常に強い調子で「否」と言います。「あなたが軽蔑する暗愚な者たちを裁く審判の座に着いていないながら、同じ愚かしい行為を隠れてしているあなたがたに弁解の余地はありません」と。もちろん、異教社会の良識人たちがローマ書一章の後半に記された悪徳すべてにあてはまるなどと、パウロは考えているわけではありません。しかしソクラテス以来、真に賢明な思想家たちは自分が道徳規範に沿って生きることができていないことをよく知っているのです。

ギリシアやローマの宗教また哲学においては、最後の審判という概念が見当たりません。しかしこれがユダヤ教の中心的概念であり、パウロはこの概念を明確に掲げて世を告発しているのです。すなわち、創造者なる神が被造物に対して創造秩序を保つ責任を負っている、またこの責任を遂行するとき、神はまったき正義をもって公正な裁きを行う、という世界観です。キリスト者神学者としてのパウロは、このユダヤ教の基本的教理に関して、その一部たりとも撤回しようとしません。最後の審判の時は来る、そして各人がその生き方に沿った評価を受けるのです。キリスト者によっては、パウロの「**信仰義認**」が（ローマ三―四章参照）、行いを根拠とした最後の審判を破棄したと考えます。しかしパウロはそのように言いません。パウロはこの世に対して神の正義が行われることをはっきりと語ります。

二章一二―一六節　公正な裁きの実行

[12]誰でも律法を知らずに罪を犯す者は、律法を知らずに滅びます。また誰でも律法の下にあっ
て罪を犯す者は、律法をとおして裁かれます。[13]ですから、律法を聞く者が神の前で正しいわけ
ではないのです。むしろ、律法を行う者が正しいと宣言されます。
[14]異邦人は生まれつき律法を持っていませんが、もし彼らが律法の定めを行うならば、律法を
持っていなくとも、彼ら自身が律法です。[15]彼らの心に律法の行いが刻まれていることを示すこ
とになります。彼らの良心も証言し、その思いは両方向へと向かい、あるときは自分を告発し、
あるときは弁護します。[16]それは、（私が宣べ伝える福音によると）王なるイエスをとおして神がす
べての人の秘密を裁くときに起こるのです。

狂気の皇帝カリグラが新たな律法を誰も読めないところに掲示したことについてはすでに述べました。パウロはこのペリコペで神が公正に人類を裁くと述べますが、これには問題がないでしょうか。神の民であるユダヤ人に神は律法を与えました。ですからユダヤ人は、神の思いに沿った生き方をする機会が与えられています。これはユダヤ人以外にとって不公平と言えないでしょうか。

これはローマ書において、視点を少しずつ変えながら繰り返し問われる問題です。例えば後続する

ペリコペで、パウロはユダヤ人が律法を持つという特権をあずかりながら、それが何にもならなかったと指摘します。預言者が警告したとおり、イスラエルが全体として律法を守ることを怠ったからです。

パウロの議論を理解するために、二つほど明らかにしておく必要があります。パウロが「律法」について述べるとき、それは**出エジプト**において救い出された民の生き方を示すために、神がシナイ山でモーセに与えた**トーラー**を指しています。これはイスラエル限定のユダヤ人のための律法です。ユダヤ人でない**異邦人**は、当然この律法を持っていません。パウロ書簡の「律法」が、あたかも全人類を対象とする道徳律か何かのように理解される場合があります。しかし、パウロはそのような意味でこの語を用いてはいません。パウロが「律法」について語る場合（それがローマ書でもガラテヤ書でも）、神がアブラハムに約束を与えた何百年ものちに今度は律法がイスラエルの民に与えられた、という具体的な歴史を念頭に置いています。

読者が誤解しやすいもう一つの点は、前ペリコペにも登場した審判です。子どもの日曜学校等でパウロについて教えたことのある人は、あるテーマを特に強調して、他の重要なテーマを見過ごす傾向に思い当たることでしょう。パウロが「**信仰義認**」について語っていることは明らかです。この点に関しては次の章で詳しく説明します。しかしこれを端的に言い表すならば、イエスを復活した主キリストであると信じる者が神の民であるとすでに宣言されている、という考えです。これらの信仰者の罪はすでに赦されています。彼らは、神の永遠の**契約**に基づく新たな共同体を構成しています。この祝福の根拠は、信仰であって行いの結果ではありません。これは驚くべき、栄光に満ちた真実であり、人を自由にする真理です。

同時に「信仰義認」とは、将来の裁きの結果を現時点で確信することです。誰が神の民でありその罪が赦されるか、という将来の審判を前もって知ることができるのです。ですからパウロは、この将来の審判に関しても明確に語っています。人の生き方に基づく裁きが将来訪れるのです。パウロはこの点を前ペリコペでも述べていましたが（二・七―一〇）、本ペリコペでも明らかにしています。そして一四章一〇節でも繰り返します。

審判に対して違和感を抱く人の中には、パウロが論理上の可能性を述べているだけで、のちにパウロは最後の審判などありえないという結論に至るのだ、と考えます。「論理的には神が人の行いによって裁きを行うことを望むことは確かだが、神の基準に従って生きることができる者などいないので、神はこれとは異なる計画を提示したのだ」とパウロが語っている、という具合にです。しかしパウロは、そのように述べません。その他ローマ書一四章一〇―一二節や第二コリント書五章一〇節でも、エフェソ書六章八節や第二テモテ書四章一節でも、審判は明言されています。行いによる裁きと信仰による義認とは、前者が神の望みで後者が神の妥協、といったものではありません。これは将来の裁きとその判決に関する現在の期待です。将来の裁きとは、たしかに私たちの行いに従った裁きです。そして現在の期待とは――パウロがローマ書三章で明らかにするのですが――、その判決が信仰を基礎としていることに対する期待です。

ここでは将来の裁きに焦点を置きつつ、パウロはある専門用語を用い始めます。この語の取り扱いには注意が必要です。パウロは一三節で、律法を行う者が「正しいと宣言される」と言います。「義認」と訳されがちなギリシアを、ここではこのように表現しました。それは私が長めの語句を好むからではなく、この専門用語が伝統的に誤解を招いてきたからです。

本ペリコペで明らかなように、この語は法廷での裁判に関わる用語です。パウロは一六節で言います、神が王であるイエスをとおして全人類をその隠された秘密に至るまで裁くのだと。詩編二編やイザヤ書一一章から明らかなとおり、ユダヤ教においてはメシアが将来の裁きに関わることが期待されていました。「義認」とは、裁判官が裁判の最後に下す判決です。被告か原告かのどちらかが「正しい」と宣言されます。正しいと宣言されれば、その判決が新たな立場を付与します。結婚式の司式者が「あなたがた二人を夫と妻であると宣言します」と言えば、新郎と新婦には新たな立場が与えられます。ちょうど同じように、裁判長が「被告を無罪とする」と言えば、被告は新たな立場が与えられます。その人は「正しい」とされますが、これが「義認」の意味するところです。

右の点が明らかになったところで、この聖書箇所の意味を考えてみましょう。上述のとおり、パウロはこの時点で将来の審判を意識しており、その審判における神の裁きが公正であることを確信しています。「ユダヤ人は律法を持っているから、その分有利じゃないのか」という批判を想定し、パウロはそれに「否」と答えます。人はそれぞれが置かれている立場で神の裁きを受けるのであり、置かれていない立場で裁かれはしないのです。律法を持たない異邦人は持たない者として公平に裁かれ、律法を持つユダヤ人は持つ者として公平に裁かれます。最終的には律法を持つかどうかが問題でなく、律法を行うかどうかが問題です。

それでは、異邦人はどうなるでしょう。パウロは一四―一五節でこの疑問に答えますが、この箇所は長いあいだ読者を悩ませてきました。私もこの箇所に長年頭を悩ませてきましたが、以下の二つの解釈のいずれをとるべきか断言しかねます。パウロは「異邦人が良心に従うときユダヤ律法が命じているいくつかの内容を遵守しているのだ」と言っている、とある人たちは考えます。この解釈は不可能ではありません。もっともパウロは、良心に従う異邦人が律法の完全遵守による罪のないまったき聖さに到達すると考えているわけではありません。他の人たちは、福音自体が新しい種類の異邦人を創造し、彼らは聖霊によって心に刻まれた神の新たな律法によって、神が何を求めているかを知ることができると考えます（二六―二九節参照）。この解釈も不可能ではありません。もっとも、裁きの時に良心が告発したり弁護したりするという事態と、ローマ書八章三一―三九節でパウロが述べる救いの確信が矛盾しないかを注意深く考える必要はあります。いずれの解釈にしても、一四―一五節は不可解です。

しかし、いずれにしてもこの箇所の主題は、私たちに対して慰めを与えます。この世界は偶然や気まぐれな神によって支配されていません。神は何らかの利害関係によって、不公平な判決を下すようなことをしません。私たちが渇望し懇願する本当の正義が行われるのです。神は人類の隠された部分を、すべてメシアであるキリストをとおして裁きます。これは、本当の正義が欠乏しているこの世界において、まさに良き知らせなのです。

二章一七―二四節　ユダヤ人的主張とその問題

[17]あなたがたが自分を「ユダヤ人」と呼ぶとしましょう。律法に望みを置くとしましょう。あなたがたが神に属することを喜び祝っているとしましょう。[18]また、あなたがたが神の思いを理解し、律法の掟によって道徳的な判断を下すことができるように考えているとしましょう。[19]盲人にとっての導き手、闇にいる人を照らす光、[20]愚者のための教師、幼児にとっての指導者だという自己理解があるとしましょう。それは、知識と真理の明らかな形を示す律法をあなたがたが持っているからです。

[21]ならば、他人を教えるように、自分を教えることをしないのですか。盗むなと教えながら、あなたがたは盗むのですか。[22]姦淫するなと教えながら、あなたがたは姦淫の罪を犯すのですか。偶像を忌み嫌いながら、あなたがたは神殿からかすめ取るのですか。[23]律法を誇りにしながら、あなたがたはそれを犯して神の名誉を傷つけるのですか。[24]それゆえ聖典は言うのです、「あなたがたのために神は異邦人のあいだで蔑まれている」と。

私の国では、警察が市民のあいだで信頼を保とうと躍起になっています。ひと昔前まで警察は地域に深くに関わり、敬意の対象でした。彼らは、どのような場合に優しい警告で市民を導き、どのような場合に厳しい態度で危険な違法行為を取り締まるか心得ていました。この伝統を乱す警官がいないわけではなかったですが、それでも一般に警察は信頼の対象でした。初めて海外旅行をしたとき、その国では警官が犯罪組織とつながって賄賂を受け取っていることを知り、非常に驚いたものです。

数十年前から英国も様変わりしました。警察上層部の腐敗が取りざたされ、検挙率を上げるために無罪と分かっている市民を逮捕して無理やり自供させることが問題になっています。また、移民が多く住む地域を警らする白人警察官のあいだでは人種差別が絶えません。このような問題を起こす警官が警察内の一部だとしても、信頼の失墜に歯止めはかかりません。警察が問題の解決というよりも、むしろ問題の一部になっているのです。

ユダヤ人は、自らが世界の警察として召命を受けているとは考えませんでした。それは当時ローマ人が引き受けていた役回りです。しかし多くのユダヤ人は、ユダヤ教聖典が繰り返し教えるので（イザ四二・六参照）、「世の光」として神から召命を受けていると考えていました。パウロを含め多くのユダヤ人が、神に選ばれて律法を授かり、世界を照らす灯台のような役割が任されていることを誇りに思っていたことでしょう。回心前のパウロは、イスラエルの民に与えられたこの召命を揺るがない岩として、その上に堅く立っていたのです。

しかし、十字架刑に処されたイエスこそがメシアだと理解したパウロは、世界観の転換に迫られます。真のイスラエルを異邦人世界に対する戦いへと導いて勝利をもたらす**メシア**ならば、以前の世界観で十分でした。トーラーを完全に守るようイスラエルの民を教えるメシアならば、さぞ良かったことでしょう。しかし実際には、メシアが犯罪者としての不名誉な死を遂げたのです。これはパウロにとって世界がひっくり返る出来事でした。油注がれた者が異邦人によって殺される、これが神の約束が成就される道でした。この奇異でまったく予想だにしなかった顚末は、パウロをしてイスラエルの民の役割について再考させる機会となりました。おそらくパウロが今まで頭の片隅に押しやってきた一連の預言者の言葉が、表舞台に登場してきたのでしょう。

二四節でイザヤ書五二章五節（エゼ三六・二〇、二三参照）を引用するとき、パウロは預言者のイスラエルに対する批判に焦点を置きます。この批判は手厳しいもので、イザヤにしてもエゼキエルにしても、裁きとそこからの再建というかたちでしか未来を語ることができません。イスラエルは過ちをいくつか犯したというだけでは収まりません。神がこの民に任せた役割はまったく遂行されなかったのです。神にとって唯一の道は、メシアを送ってこの失敗の結果を引き受けさせ、彼をとおして新たな契約を確立することです。イザヤ書五二章はこのあとすぐ受難の僕を登場させますが、彼はイスラエルと全世界の罪のために死ぬことになります。エゼキエル書三六章も続けて新たな契約について語り、神が民の心に掟を書き記すのだと述べます。パウロは明らかにこれらの主題を意識しています。

パウロによるユダヤ人の同胞――そしてユダヤ人としての彼自身――に対する批判は、これらの預言者の言葉が現実となったという認識に、福音の啓示をとおしてパウロが至った結果です。イスラエルは堕落し、その結果として破滅と捕囚とを自らに招きました。捕囚における最悪の体験は地理的に引き離されたことではありません。少なくとも一部の民は、パレスチナの地に帰還します。最悪の体験とは、異教徒である外国人が神の民を支配することです。この意味での「捕囚」は、パウロの時代にも続いているのです。この点は、パウロの時代のユダヤ人たちが熟知していたダニエル書九章二四

—二七節が語っています。

パウロは二一—二三節での批判によって、すべてのユダヤ人がもれなく姦淫の罪を犯し、盗みをし、神殿からかすめ取ったという考えを示しているのではありません。ちなみに、ユダヤ人はしばしば神殿荒らしという汚名を着せられていましたが、これは異教の神々を偶像として軽視することが神殿での盗みを容認すると考えられたからです。このようなことをするユダヤ人が一部であるとしても、一つの民として神から律法と真理を授かって全人類に示す役割を持ち、その意味で世の光であるという誇りは打ち消されてしまう、それがパウロの主張です。イスラエルの民が罪を犯し続けることによって、預言者の批判は正しさを増します。すなわち、「諸国の民がお前たちを見て、神を罵る」ということです。唯一の解決は、予期せぬメシアの到来によってイスラエルの歴史に終止符を打ち、メシアがその双肩にイスラエルの悪をすべて引き受け、民が内面から一新される新たな契約を打ち立てることです。

パウロは、イスラエルの主張を否定してはいません。ある人たちは、一七—二〇節でパウロが「ユダヤ人」について語るとき、律法はじつに「知識と真理の明らかな形を示す」ものなどではなく、したがってイスラエルは世の光としての召命を受けていない、と考えます。それは誤りです。イスラエルは確かに神の選びであり、律法は唯一正しい神の聖い法であるということを、この箇所と後続する箇所でパウロは明らかにしています。イスラエルは、神の民としての役割を果たすことができませんでした。しかし神の計画がそこで破綻するわけではありません。パウロはこの直後のペリコペで、選びの民の過ちにもかかわらず、神がその召命と計画に対して誠実を尽くす様子を語り始めます。

二章二五―二九節　外見、名前、意味

[25]割礼は、律法を守る者にとっては意味があります。しかしあなたが律法を守らなければ、割礼は無割礼となります。[26]一方で無割礼の者が律法の要求に応えれば、彼らの無割礼は割礼と見なされるではありませんか。[27]したがって、生まれつき無割礼の者がそれでも律法を成就するなら、律法の文字と割礼を持っていながら律法を守らない者を裁くことになるでしょう。[28]「ユダヤ人」とは、その外見が決定するものではありません。また「割礼」もたんなる見てくれの身体の問題ではありません。[29]「ユダヤ人」とは隠されている者、また「割礼」とは心の問題です。霊であって文字ではありません。そのような人こそ、人からでなく神からの「称賛」を受けるのです。

チェーン展開をする大きなスーパーでは、ときとして自社製品をあたかもブランド製品のように見せて売ろうとします。少し前になりますが、あるスーパーで販売していた朝食シリアルの外箱が、有名ブランドの「本物」と見間違えるほど似ていました。しかし近くに寄ってよく見ると、ようやく違っていることに気が付きます。ソフトドリンクや他の商品でも同じようなことが起こります。賢い消費者にとっては、少々の値段の違いではなく、見た目の良い包装でもなく、中身が大切です。とき

として外見は私たちを騙します。騙すことが目的という見せかけもあります。

このペリコペにおいてパウロが言わんとすることは、外見や名前が私たちを惑わすことがある、ということです。ずる賢い商売が用いる手段は、外見による錯覚だけではありません。ときとして、製品の質さえも信頼できない場合があります。

ここで「製品」にあたるのは、神の選民イスラエルですが、パウロはこの民を二人称単数で「あなた」と呼びます。ユダヤ人（男性）のアイデンティティを示す外見上のしるしは**割礼**です。パウロは読者がこのことを知っているという前提で話を進めます。したがってパウロは、ユダヤ人のアイデンティティについて語っていたかと思うと、次の文では当然のように割礼について語ります。

つまり、割礼という外見上のしるしや、イスラエル民族を示す「ユダヤ人」という名前が、人の理解を逸らしかねないということです。ときとして箱の中身は、包装や商標が与えるイメージと異なる場合があるのです。そうなると、外見はもはや内面を表しません。ですから、ユダヤ人が内面で**律法**を守らないならば、外見の割礼はもはや割礼ではなくなります。それは、身体的に無割礼になることを意味しませんが、神の前で無割礼の**異邦人**と同じ立場になるのです。このような内面と外見との乖離については、パウロより五〇〇年も前に預言者エレミヤが語っています（エレ九・二十六）。

これだけでもユダヤ人にとって、パウロの議論は受け入れがたいのですが、この内面と外見との逆転という論理は反対方向にも向かう、とパウロは言います。もし無割礼の異邦人が律法の掟を守るなら、彼はどうなるでしょう。パウロは大胆な結論を導き出します。すなわち、彼らは割礼を受けたユダヤ人のようになるのです。それのみならず、律法を守らないユダヤ人の代わりに、ユダヤ人が自分の特権と考えていた事柄（一七―二〇節）が、これらの異邦人にあてはまることになるのです。つまり彼らは、律法違反者を裁く側に立ちます。

しかし、「律法の掟を守る」ユダヤ人とは誰でしょう。無割礼にもかかわらず「律法を成就する」ことがあるでしょうか。後者の質問が、律法教育を受けたユダヤ人の耳には奇異に聞こえることを、パウロは十分に知っていました。割礼自体が律法の掟です。割礼を受けずに、どうやって「律法を成就する」と言うのでしょう。この点は第一コリント書七章九節に繰り返されます。これは、たっぷりと皮肉を込めたパウロの批判です。

これらの問い対する答えは、二八―二九節に鳴り響いている旧約聖書の言葉が鍵となります。ここでパウロが想定しているのは、特別な道徳的研鑽を積んだ異邦人ではなく、霊によって心の内に神の律法が刻まれている者です。同様の内容についてパウロが述べている他の箇所を調べると（例えばⅡコリ三・一―六）、パウロがキリスト者となった異邦人を想定していることが分かります。エレミヤ書三一章とエゼキエル書三六章、また初期のキリスト者が経験した霊的体験からパウロが導き出した確信は、イスラエルの**メシア**であるキリストをとおして神が**契約**を刷新したということです。これによって、**福音**を信じるすべての者が、民族的背景や割礼のような外見を越えて、新たな家族に招き入れられるのです。パウロは、神の霊による心の刷新を体験するキリスト者の**生き方**について八章と一二章で語りますが、ここではその予告をしているというわけです。

パウロにとって「ユダヤ人」とは聖なる輝かしい語ですが、神がその霊によって異邦人の心の内に本来の律法の意図を成就するならば、生まれつきユダヤ人でない異邦人が「ユダヤ人」と呼ばれるべきだ、というわけです。神の民に与えられたこの古《いにしえ》の名に対する理解の大きな転換は、ローマ書全体に影響を与え続けます。

名前に関してあてはまることは、外見の理解にもあてはまります。割礼にとって重要なのは、心の割礼です。この内面的な外科手術はもともとユダヤ教聖典に記されています（申一〇・一六、三〇・六、エレ四・四）。預言者は民の心に神が新たなる業をなすことを語っています（エレ三一・三三、三二・三九―四〇、エゼ一一・一九、三六・二六―二七）。パウロはおそらく、この神の業を念頭に置いて語っているのでしょう。パウロは伝統的なユダヤ教的言語をとおして契約の刷新について語り、それが神の霊によって起こるのだと教えます。このペリコペにはイエスがいまだ登場しませんが、この新たな契約がメシアによってもたらされた神の業であることをパウロは確信しています。

最後に、「ユダヤ人」や「割礼」を民族的アイデンティティとしてでなく心の状態だと教えたパウロは、そのような人は他の人々からではなく神から称賛を受けるのだと述べます。「ユダヤ人」という名はヘブライ語「ユダ」の派生語ですが、この語の本来の意味は「称賛／讃美」です（創二九・三五、四九・八）。パウロはギリシア語で書いていますが、ヘブライ語を意識しています。出生や外見によって人から称賛を受ける者でなく、内面的な正しさによって神から称賛を受ける者、それが真の称賛であり、真の「ユダ／ユダヤ人」なのだ、と教えているのです。

三章一―八節　神の揺るぎない誠実さ

1それではユダヤ人に何か優位な点があるでしょうか。割礼に何の意義があるでしょうか。2す
べての点において大きな意味があります。第一に、ユダヤ人には神の託宣が委ねられました。
3それはどういうことでしょう。もし誰かが任された行いに対して不誠実であったとしたら、そ
の不誠実は神の誠実さを無効とするでしょうか。4決してそのようなことはありません。すべて
の人が誤ったとしても、神は正しいのです。聖典は言います。

　　ですから、あなたの語られる言葉においてあなたは正しいと見なされ、
　　あなたが裁きに臨まれるとき、あなたは勝利を得られます。

5しかし、もし私たちの誤りによって神の正しさが明かされるとすれば、何と言いましょう。

神がその怒りを人に向けるのは公平でないと言いましょうか（私は人間的な表現で話しています）。

6決してそのようなことはありません。それでは、神はどのようにして世を裁くのでしょうか。

7私の誤りによって神の真実が満ち、神が栄光を受けるならば、なぜ私はそれでも罪人として裁
かれなければならないのでしょう。8「良いことがもたらされるために悪を行おうではないか」と

でも言いましょうか。ある人たちは私たちを中傷して、私たちが実際このように考えていると言います。このように考えるとしたら、その人は裁きを受けて当然です。

ある高価な宝石を持って地球の反対側まで行ったことがあります。私と妻はニュージーランドへ行くことになっていました。私たちの友人が、ニュージーランドの家族にネックレスを送りたかったのです。彼らはそれを郵便に託す気になれず、私たちに頼んだわけです。当時は現在のように他人の荷物を飛行機で持ち運ぶことに神経をとがらせることはありませんでしたが、それでも途中でなくなったら大変だ、と一時は躊躇しました。しかし最終的には、大切な友人のために引き受けました。宝石は無事に届けられました。

ここで、宝石が途中で紛失したと言って、着服することもできたかもしれません。嫌疑がかかったとしても、もしかしたらうまく逃げおおせるかもしれません。しかし私たちは、友人の信頼に応えて、その信頼に対して誠実であろうとしたわけです。このようなやり取りを「委託」と言います。つまり私たちは、何かを信頼して委ねられ託されるわけです。「委ねられる／託される」という行為で重要なのは、託された物は託された人のためにあるのではないということです。それは、託された人が送り届けるべき相手のためにあるのです。

この原則が理解できれば、やや難解と思われがちな本ペリコペも、すっきりしてくることでしょう。パウロは二節で、ユダヤ人が神に託宣を委ねられた、と述べます。ここでは「託宣」という珍しい語が用いられていますが、これは「神の教え」ほどの意味です。ユダヤ人にとってそれは律法のことですが、異邦人の場合は神々から託宣を受けることを求めていたという背景があるのでしょう。ユダヤ人は世の光と呼ばれ、全被造物に対する神のメッセージを託されました。彼らは神の信頼に応えてこのメッセージを伝え、神が神であることを世界に証しするはずでした。

が、彼らはその役目を怠ったのです。ユダヤ人はそのメッセージを、自分たちの特権的立場を示す憲章と理解して独占しました。それは、郵便配達が郵便の詰まった袋を自分のものと思い、配達を怠るようなものです。メッセージを託された使者は、そのメッセージを指示どおりに送り届けることが期待されます。大切なメッセージを託された使者として大物気取りをすることもできるでしょうが、メッセージを伝えるという使命を怠るならば、使者の資質が疑われます。同胞と自分自身に対するパウロの評価は、イスラエルの預言者の言葉どおりです。つまり、イスラエルは信頼できない、使い物にならない使者でした。

神はどうしたでしょう。イザヤ書によると（ロマ二・二四での引用）、神の名は諸国民のあいだで崇められるどころか、冒瀆されて辱められます。諸国民はたんに正しいメッセージを受け取らなかっただけでなく、誤ったメッセージを受け取ったのです。つまり、イスラエルの神は邪悪な神で、中傷と嘲笑の対象だと。それでも神は、本来の意図に対して誠実であり続けます。神の誠実さ（三、四節）がイスラエルの不誠実によって廃れるどころか、もともとの計画は力強く遂行されます。したがって神は、その使命遂行のために誠実な一人のイスラエル人を立てます。この誠実な人物に関しては、もうしばらく待ちましょう。本ペリコペの残りの部分は何を語るのでしょう。

ローマ書二章の最後で新たなユダヤ人の定義がなされると、三章の冒頭ではそれによって生じる疑問に答えなければなりません。もし神が「ユダヤ人」と呼ばれる本来はユダヤ人でないかもしれない「新たな契約の民」を創造するならば、それが割礼を受けていないかもしれないのに「割礼」と呼ばれるならば、生まれながらのユダヤ人であること、また割礼を身体に受けていることの意味は何でしょう。私たちは、「まったく何もない」という返答を期待するかもしれませんが、実際はそうではありません。ある人たちは、パウロに染みついて完全には洗い落とすことができないユダヤ人としてのプライドが、ユダヤ人を完全に否定することを阻んでいると理解します。しかしこの考えは浅はかすぎます。パウロの神観、世界観、そして福音理解の基礎には以下のような確信があります。すなわち、神がアブラハムとイサクとヤコブに対して契約を結んだとき、神にはその約束を完全に遂行するつもりがあり、メシアであるイエスのうちにその約束を成就し、聖霊をとおして約束は豊かに実を結ぶのです。パウロは、イスラエルが神に選ばれた民であるという理解を放棄したわけではありません。ローマ書三章の段階ではまだ神のイスラエルに対する誠実さの全貌が見えません。しかし九章の冒頭でもう一度同じ疑問に向き合うとき、神の計画が詳らかにされます。

既述のとおり、イスラエルが神の使者としての役割に対して不誠実であったにもかかわらず、神の側はその約束に対して誠実であり続ける、これこそがパウロの強調点です。この点を述べつつ、パウロは詩編五一編六節を引用します。この詩は、イスラエルを含む人類が神から著しく乖離してしまったにもかかわらず、神は正しくあり続けることを謳った、素晴らしい悔い改めの詩です。

しかし、神が正しく人類が誤っているという構図は、神と人類、あるいは神とイスラエルが法廷において対立している姿を一時的にせよ連想させるでしょう。この神観はヨブとその友人たちが抱いた誤りです。ヨブは神と自分が対峙する法廷で、自分が勝訴することを求めました。ヨブの友人は、この法廷で神が勝訴することを求めました。しかしヨブ記のメッセージは、いずれの神観も誤りであるということです。神は原告としてイスラエルを含む人類と相対するのでなく、世の不条理を超越しながらも神の主権が世を覆うのです。神が法廷において人と敵対するという理解は、神を公平な裁きの座から引きずり下ろすことになりかねません。もし神が原告として人に敵対したとすれば、神は原告であって判事ではありえません（六節）。

ここからもう一つ別の疑問が生じます。イスラエルが使者としての責任を果たさなかったことは、神にとってその誠実さをより際立たせる結果となった、それならばイスラエルは神に栄光を帰する役回りを結果的に果たしたわけで、神がイスラエルに憤る必要はない、と。同様の議論はローマ書六章に再び現れます。**信仰義認**と無償の救いについて耳にした者が、悪から善が生じるならば、悪を続けたら良いではないか、と揶揄するのです。パウロはこのような議論に対して単純な答えを用意しています。すなわち、公平な神の裁きは公平だ、ということです。

最後の三節は、あまり実のない「知的論争ごっこ」のように聞こえるかもしれません。ほとんどの人は、そしてほとんどのキリスト者は、このような議論に没頭することがありませんから、なぜパウロがこのような議論をするか理解しがたいのです。それでも最後に、これらの節に関して三つの考察をしておきましょう。

第一に、十分に考え抜くということにはそれなりの意味があります。神をいつも正しく理解することはできないかもしれません。それでも私たちに迫られる知的な挑戦を回避してばかりもいられません。私たちが、心と魂と力だけでなく、思い（知的思考）によって神を愛するというのなら（マコ一二・三〇）、議論を突き詰めることも必要です。もちろんその際に、深遠な奥義を体得することができかねることを認める謙虚さも必要です。

第二に、パウロはこれらの疑問に取り組みますが、まだこの段階では十分な議論をしていません。ローマ書九章になると、パウロはこれと同様の疑問によりスペースを割いて応答します。すなわち、イスラエルに何が起こったか、神はその約束に対して誠実であり続けたか、神は不公平か、なぜ神は人々を裁くか、等の疑問に真摯に答えます。しかしそのためには、九章に至るまで議論を積み重ねなければなりません。この意味でローマ書は交響楽のようです。本ペリコペの議論は、のちに用意されているより大きな主題を予告する旋律のようで、これから先にも読者をクライマックスへと導く伏線がいくつも登場します。

第三にパウロは、神の契約の民としてのユダヤ人であることが取るに足らないことのような印象を与えないように心を配っています。ローマには、このような結論を歓迎する人々――異邦人キリスト者だけでなく――が多くいたことでしょうから、パウロはこの点に関して念を押しています。このような結論は原則的に誤りであり、教会外のユダヤ人に対するキリスト者の姿勢を歪めてしまうだけでなく、パウロの福音を根底から覆してしまうのです。ローマ書三章の後半で明らかとなるように、パウロの福音の中心には、神が本来の約束に対して誠実を尽くす場をメシアであるキリストのうちに見出しているという確信があります。イスラエルの代表であるイエスは、イスラエルが示しえなかった神への誠実を示したのです。使者としての役割を果たし切れなかったイスラエルに代わって、メシアであるイエスがその使命を果たしたのです。

三章九—二〇節　罪の下にあるユダヤ人と異邦人

9それでは、私たちの方が優位なのでしょうか。決してそのようなことはありません。すでに
判断を下したとおり、ギリシア人だけでなくユダヤ人もすべて罪の下にいるのです。10聖書はこ
う言います。

正しい者は、ただ一人もいない。
11誰も神を理解せず、神を求めない。
12すべての者が同じように迷い出て
共に堕落の道を進んだ。
一人として親切を示した者はない。
13彼らの喉は開いた墓だ。
その口を虚偽のために用い
その舌には毒蛇の毒がある。
14その口には呪いと雑言が満ち

[15]他人の血を流すのに素早く
[16]彼らの行く手には破壊と悲惨があり
[17]平和の道を知らない。
[18]彼らの目には神への恐れがない。

[19]律法に書かれていることは、「律法のうちにある者」に対して語られています。その目的は、すべての口が閉ざされ、全世界が神の裁きの座へと導かれることです。[20]律法の行いを根拠とするならば、朽ちゆく者は誰一人として神の御前で正しいと宣言されることはありません。律法をとおして得られること、それは罪に関する知識です。

私は人生に二度だけ裁判所に行ったことがあります。どちらの場合もあまり心地良い体験ではありません。一回目は、私の庭を台なしにしながら労賃を要求した庭師を訴えたときです。私がカナダのモントリオールに住んでいたときですから、裁判はフランス語で行われました。私の訴えに対して庭師が早口の方言で受け答えしたので、私はどれほど正しく理解できたか不安でした。そこで庭師の証言を英語に訳すよう要求したのですが、裁判官はそれを棄却し、最終的に私は敗訴しました。

もう一度は、地方法務官の就任式でした。その式典に参加したことを、私はすぐに後悔しました。人間の愚かさと惨めさをひけらかすような内容は見るに堪えず、のぞき見行為をしているような罪責感さえ感じました。

パウロが生きた世界の人々は、私たちよりもずっと法廷裁判を身近に捉えていました。共同体は小規模で親密でした。裁判は公にされており、皆が関心を抱いて集まります。パウロが法廷用語を頻用するのも当然で、読者は法廷の情景をありありと思い浮かべることができたのです。私たちもそのような想像力を働かせて、連想しなければいけません。

法廷用語は特に一九節において鮮明です。ここには、厳格な法の声が響きます。この場合、判決が下される囚人は「律法のうちにある者」、すなわちユダヤ人です。パウロは他所で「律法のもとにある者」という表現を用います。パウロはすでに、すべての異邦人が神の御前で罪と定められていることを示しています。ここでは、イスラエルも異邦人と同じ判決を受けるのです。

パウロの時代には、法廷に立たされてこれ以上自己弁護の言葉がなくなると、自分の口に手を置いて知らせます。あるいは、法廷職員が被告人の口を殴って、「口が閉ざされ」るべきことを知らせる場合もあります。つまり被告人の有罪は明らかで、これ以上自己弁護すべきでないということです。パウロが口を殴られたのもこのためです（使二三・二。ヨハ一八・二二参照）。したがって、パウロが「すべての口が閉ざされ」と言う場合、それはユダヤ人が異邦人と同じ穴の狢だというだけでなく、彼らに自己弁護の余地がないことを述べているのです。全世界が明らかに有罪であり、裁判官としての神に向き合う必要があります。

パウロは九節で一節の質問を繰り返します。ユダヤ人は異邦人よりも優っているのか、と。その答えは、否です。なぜならパウロはすでに、両者に対しての訴状を述べているからです（ここでも法廷用語が用いられます）。ユダヤ人だけでなく異邦人も有罪であり、さらに皆が罪のもとにあります。

ここでパウロはもう一つの重要な主題を導入します。つまり、「罪」は悪い行いを指すのみならず、自立した力です。パウロは「サタン」という語を用いる場合もありますが（一六・二〇）、むしろこの世に働きかける自立した悪の力として「罪」という語を頻用します。それは特に七章において顕著です。

パウロは同胞のユダヤ人に対する訴状を読み上げますが、二章二一―二四節のように特定の悪行を挙げることをせず、詩編を中心としたユダヤ教聖典の箇所を引用します。これらの引用は、いかに神の民が異邦人と同様に、神に対して敬意を示すことを怠ったかを異なった角度から繰り返し述べます。彼らはこの不誠実のゆえ、神の善と知恵と愛とを自らの生き方をとおして反映しえなかったのです。

パウロが旧約聖書を引用する場合、おうおうにして引用箇所の文脈を意識しながら記します。ここで引用される詩編一四、五、一三九、一〇、三五編、イザヤ書五九章の文脈を見ると、興味深いことが分かります。それぞれの箇所が、邪悪な者に対する告発でありながら、そこには悪の前で無防備な者を救済し、自らが立てた契約を守り抜く神がいることを教えます。これはローマ書三章二一節以降でパウロが明らかにする内容です。ユダヤ人に対する厳しい裁きを述べるパウロは、ユダヤ教聖典を熟考すればその先に解決もあると気づくように、聖書箇所を厳選して引用しているのです。

パウロはこのペリコペのまとめとして、二〇節でもう一度律法の問題に触れます。ユダヤ人に（「律法のうちにいる者」）について語りつつ、「律法の行い」によっては誰一人として「正しい」と宣言される（専門用語では「義と認められる」）ことがないと説明します。直前で旧約聖書から引用したパウロは、ここでもそれらの引用箇所を意識しています。もし「ユダヤ人」が律法を持っていることを根拠として契約のうちにあると主張するなら、その律法は彼に対して「あなたはこの律法を破った」と応答します。律法をとおして、「罪に対する知識」を得るのだとパウロは言います。これは五章二〇節と七章全体への布石であり、そこでは神がなぜ律法を与えたかという問題がより詳細に扱われます。

誰でも神の前に立って、義と認められることを「律法の行い」を根拠に期待するならば、それはあたかも現行犯で捕まった犯人が警官に無実を訴えるようなものです。邪悪な世から自らを区別するためにユダヤ人が頼りとした律法(二・一七参照)は、神の裁きから彼らを保護しないだけでなく、むしろ彼らに裁きを下すのだ、とパウロは教えているのです。

三章二一―二四節　明かされた契約に対する神の公正さ

[21]しかし律法とは関係のないところで(じつは律法と預言者が証言しているのですが)、神の契約に対する誠実さが明らかにされています。[22]神の契約に対する誠実さは、メシアであるイエスの誠実さをとおして、信仰を持つ者すべてのために示されます。なぜならそこには何の区別もないからです。[23]皆が罪を犯し、神の栄光に至ることができません。[24]神の恵みによって、メシアであるイエスの内に見出される贖いをとおして、彼らは無償で正しいと宣言され、契約にあずかる一員となります。

演劇や映画ではしばしば、最後の最後という場面に予期しない展開が待っています。誰かが、例えば馬にまたがって、法廷や婚礼式場やリンチの場面に颯爽と現れ、執行猶予の知らせや以前の恋人からの手紙などをもたらします。出来事が佳境に入ったかと思いきや、新たな登場人物がどんでん返しを仕掛けます。

二一節の「しかし」にはそのような効果があります。そしてこの「しかし」が、ここから四章の終わりまでの新たなセクションの始まりを知らせます。法廷での裁判は佳境に入り、すべての人が有罪と宣告されました。これ以上、何が起こるというのでしょう。

しかし何かが起こらなければなりません。パウロとほぼ同時代のユダヤ人執筆者たちは、人類が神に背を向けたときに神が直面した葛藤について考察しています。神が天地を創造したこと自体が大失策だったでしょうか。神はイスラエルを選んだのですが、そのイスラエルが受けるに相応しくない好意を神は示すべきでしょうか。アブラハムとイサクとヤコブと結んだ本来の約束、つまり**契約**にもう一度立ち返るべきでしょうか。邪悪に満ちた世界に対して、裁き主としての神は正義をなすべきではありますが、一方でこの世界では抑圧者の下で苦しむ多くの者が神に助けを求めているのです。これら多様な要求に対して、神はどのようにふるまうべきでしょう。

これこそが神の義――あるいは神の正義、あるいは神の契約への誠実さ――の問題です。私たちが今直面するこの問題は、**福音**が神の正義を明らかにしているというローマ書一章一七節の言葉のうちに示唆されていたものです。もしこれが、ある人は良く、ある人は悪いという事態なら、事は簡単です。特にイスラエルが正しく歩むのに対して、他の人々の歩みが誤っているというのなら、それは単純な問題です。しかし実際は、神から使命を与えられたイスラエルがその使命に対して不誠実であったのです。これが問題を複雑にしています。もっとも、問題が複雑であるという認識なしには、このセクション全体の意味を見逃してしまうでしょう。全世界の問題の解決策を携えたはずの民が、問題の一部となってしまいました。神がその約束と全被造物に対して誠実であろうとすれば、これらすべての問題に対処しなければなりません。

皮肉なことに、神とアブラハム一族を結び付ける契約自体が、まず第一に人類の邪悪さとその結果とに対する処方としての役割を果たしていました。創世記全体を俯瞰すると、神がアブラハムを召命したのは（創一二章）、アダムの罪によって生じた問題を解決し（創三章）、神の本来の計画を再スタートさせるためだと分かります（創一―一一章）。神のジレンマは以下のとおりです。世界があらぬ方向へ向かう中で、神はイスラエルと契約を結んで世界を正しく導こうとした。世界を救うために、神は契約に対して誠実であり続ける必要がある。しかし、契約の民は神の期待を完全に裏切り、救いを必要とする世界の一部となった。このような中で、神が契約の民が望むように、有罪判決を受けた彼らを救出しようとすれば、それは神が一つの民に対して依怙贔屓《えこひいき》すると公言するようなものだ。神はどうすべきでしょう。

したがって、ここでの問題は神の正義にとどまらず、神の契約に対する正義（誠実さ）に関する問題なのです。「義」とは、神が契約に対して真実であり続けるそのあり方、またこの世と人類を正しくする契約のあり方を指します。そして今、イスラエルの**メシア**であるナザレのイエスに関する福音こそ、神がいかにこの問題を解決したかを示すのだ、とパウロは語り出します。メシアの死が示した誠実さこそが、唯一真実の神がその契約に対して誠実であり続けながら、行き先を誤った世と罪過の中で自らを見失った人類に対して解決を示していると、教えるのです。

パウロはこのペリコペを、おそらく彼の著作中もっともよく知られる句で始めます。つまり右の事態が「律法とは関係のないところで」起こり、しかもそれが律法と預言者によって証言されている、という表現です。このバランスが絶妙です。神の新たな言葉は「律法とは関係がない」、そうでなければそれは「律法のうちに」いる者しか受け取ることができません。それはすなわちユダヤ人のことです。ところが二〇節によると、彼らがそれを受け取ったところで、彼らにとって益となりません。同時にその言葉は、神がなした古《いにしえ》の約束をすべて成就しなければなりません。パウロはここや他所で、神が考えを変えないことを強調します。神の言葉が廃れることはないのです。

必要なことは、ローマ書三章の開始部で確認したように、神の誠実さが実行されることです。しかもイスラエルをとおして全被造物を救うという契約を破棄して違った計画を練り直すのではなく、誠実なイスラエル人の到来によって、イスラエルの民全体が怠った使命が遂行されることで、神の誠実さが実行されなければなりません。神の救済計画を知らしめるという使命を受けたイスラエルは、その責任を見誤り、責任ではなくて特権だと理解し、良き知らせを知らしめることを怠りました。パウロが考える誠実なイスラエル人とは、イスラエルを代表するメシア、つまりイエスです。

メシアがイスラエルの民を代表するので、メシアについて言えることはその民についても言える、あるいはイスラエルにあてはまることはそのメシアについてもあてはまる、これこそがパウロの思想の根底に横たわる隠れた泉です。パウロはこの理解を念頭に置いて、イエスの誠実さという概念をしばしば用います。二二節にある「イエスの誠実さ」という表現は、しばしば「イエスへの信仰」と訳されます。原語は「信仰」とも「誠実さ」とも訳しうる単語ですが、この文脈では、「私たちのイエスへの信仰」というよりも、「神がイスラエルの民を召命したときに抱いていた救済計画に対するイエスの誠実さ」を意味するでしょう。もちろんパウロは、ローマ書一章一六―一七節でもそうであったように、福音を信ずる者こそがこの啓示によって恩恵を受けるのだと述べます。しかし救済計画における決定的な行為は、イスラエルのメシアであるイエスが「死に至るまで、じつに十字架の死に至るまで従順で」（フィリ二・八）あったことです。じつにメシアの「従順さ」は、パウロがローマ書五章でそれまでの議論を要約する際に重要となる概念です。「誠実さ」と「従順さ」はほぼ同義語として用いられています。「誠実さ」は、イスラエルの使命を果たすイエスの役割を指し、「従順さ」は父の意志に対するイエスの姿勢を指します。

その結果として「贖い」がもたらされます。この語は、キリスト者なら誰でも耳にしたことがあっても、その意味をつかみかねる類のキリスト教専門用語です。パウロは二三節でそれまでの議論をまとめます。ユダヤ人も異邦人も同様に罪を犯し、神の姿を反映するという使命を帯びた人類としての役割、すなわち神の栄光を表すことを怠ります。聖書的なイメージでは、エジプトの支配下にあるイスラエルのように皆が抑圧と束縛の下にあるのです。神はエジプトで苦しむイスラエルになしたように、今やイエスにおいて全被造物を贖い出します。

「贖い」とは、奴隷市場で奴隷を買い戻したり、質屋に入れた物品を買い戻したりする行為を指す専門用語です。しかしパウロは、この語をたんなるメタファとして用いてはいません。パウロにとってイエスの死はじつに新たな出エジプトであり、奴隷が解放される出来事です。神は世が求めているもの、つまり奴隷状態からの解放を提供したのです。

この「贖い」は、被告席に座って有罪判決を受けた者が希望することとさえ及ばないような扱いを提供します。それは恩赦でなく無罪判決です。一度有罪判決を受けた身ですから、実質的には無償の恩赦となるでしょうが、パウロは二四節で、彼らが「無償で正しいと宣言され」たと述べます。彼らはただ難を逃れたというのでなく――それだけでも驚くべきことでしょうが――、神の契約の民という立場が付与されました。彼らは最後の日の審判を待たずして、「正しい」と宣言されているのです。

神はいかにこれを成し遂げたでしょう。メシアであるイエスの死をとおしてだとしても、なぜこの死がこのような結果をもたらすでしょう。人の心の秘め事がすべて明らかにされる最後の日を待たずして、神はいかに人を「正しい」と宣言することができるでしょう。パウロはこれらの疑問に対し、彼の書簡群のいろいろな場面で答えを示します。非常に内容の濃い次の二節でも、パウロはこれらの疑問に答えています。

三章二五―二六節　イエスの死に示された契約に対する公正さ

25 神は、イエスをその誠実さをとおして、その血によって慈悲の場として提示しました。神は、以前に人が犯した罪を（神の忍耐で）見過ごすことによって、契約に対する公正さを示すためにこのことをされました。[26]今日において神の契約に対する公正さを示すためにこれをされたのです。すなわち、神が正しく、またイエスの誠実さに信頼を置くすべて者が正しいことを示すためです。

私の書斎にある机とテーブルの上には書類が山積みになっています。気の向いたときに一部や二部ずつ片付けたところで整理ができるような状態ではありません。これを整理しようと思えば、一、二時間の時間を割いて片付けに集中し、すぐに返答すべき手紙を選り分け、あとから読み直すべき書類を束にして、もちろん大部分をごみ箱に捨てる作業に専念しなければなりません。

パウロの文章にはすんなりと理解できるものもありますが、本ペリコペのように密度が濃すぎて理解が困難な箇所もあります。だからごみ箱に捨てよ、と言うのではありません。そのような場合は、覚悟を決めて時間をかけ、じっくりと読み込むしかないのです。そうする中で、今すぐ返答すべき手紙のような部分が見えてきます。つまり、私たちを祈りや黙想や感謝や礼拝へと促す内容です。あるいはのちに読み直す課題として、束ねておく書類のような内容も見えてくるでしょう。

本ペリコペには、そのような「書類の束」が三つあります。パウロには珍しいことですが、「契約に対する公正さを示すため」という言い回しが繰り返されています。二五節において、これは神が罪を対処することと関連します。二六節においては、神が正しいことを証明し、また新たな民の立場を確立することと関連します。これらに先立って、パウロはイエスの犠牲死に関して興味深い発言をしています。

一つ一つを順番に見ていきましょう。パウロは、神がイエスにおいて「贖い」――すなわち隷属状態からの解放――を用意したと言います。ここでパウロは、神殿と供儀に関する用語を用います。神はイエスを「提示」しますが、これは神殿において祭司が祭壇に供えのパンを置く様子です（レビ二四・八参照）。ここには、神が恵みと赦しをもってその民と出会う「慈悲の場」という表現が登場します。これは天使の彫刻のあいだに置かれた神殿内の調度のことです。神殿とその象徴的儀礼に代わって、神がその民と出会う場所、すなわち民を赦す手段として、イエスが提示されたのです。そしてこの赦しはイエスの血をとおして有効となります。イエスの犠牲としての死が神の救済計画の中心にあります。

パウロはこれらのメタファ（比喩表現）を突き詰めません。しかしこれらのメタファは、神殿が象徴的に指し示す未来の姿をイエスの死がもたらしたことを教えています。このときパウロの脳裏には、イザヤ書五三章が描く受難の僕の姿があります。そこには僕の犠牲的死が描かれており、またそこには、神が古の契約に対して誠実である（「神の義」）という主題が明確に示されています。この観点から考えると、二五節前半の濃密な文章が整理できることでしょう。

二五節後半はどうでしょう。神が「以前に人が犯した罪」を見過ごすことで正義を示した、とはどういう意味でしょう。ローマ書二章の開始部で述べられているように、神は頑なな罪人に対して寛容で忍耐強く、悔い改める機会を与えます。これは、神が弱気で罪に関して厳しい態度を示し切れないような印象を与えるかもしれません。しかしこれほど真実から遠いことはないでしょう。神は全被造物の創造主として、また裁き主として、罪に対して厳格な姿勢を示す、すなわち罪を裁くことが求められます。ここに「慈悲の場」が持つ深い意味が見出されます。この語の語源には「なだめ」のための犠牲という意味もあります。人を罪から浄めるのみならず、罪人に対して当然のごとく示される神の怒りを遠ざけるのです。パウロはこの点に関しても突き詰めて説明しませんが、神の人類に対する怒りがイエスの上に置かれるということを意識しているように思えます（この点に関しては八・三がより詳しく述べます）。神の契約に対する誠実さの核心部分には、神の怒りを引き受ける役割のためにイエスが「提示」された、というローマ書一章で述べられた理解があります。最後の審判の日が歴史のただ中にもたらされました。罪人に対する神の正しい審判は、誠実なイスラエル人、すなわちイスラエルを代表するメシアであるイエスに向けられたのです。

パウロの濃密な表現にも、ある程度の秩序と意味が見て取れるようになったでしょうか。審判があらかじめ歴史のただ中にもたらされたという三つ目の「束」は、パウロの議論全体の流れをつかむために不可欠です。イエスの死によって人類の罪を解決することで、神は自らが結んだ契約に対して誠実であることを明らかにしました。その誠実さはまた、今現在において福音を信じる者を正しいと宣言する行為においても、明らかにされています。これが、歴史のただ中に審判が前倒しされたということです。誰が神に属し神の報いを受けるか、最後の時までそれを知ることができないのではありません。パウロが言うように、それらの人々は「今日において」すでに神の民として分けられています。これが信仰による義認の意味するところです。すなわち、福音を信じる者は誰でも、将来において神の報いを受けるべきである、神はそのように保証しているのです。

ここでも法廷の場面が意識されています。これはあたかも、結審の内容があらかじめ知らされているようなものです。またここには契約が意識されています。私たちは今すでに、神が将来において誰をアブラハムの真の子孫（ロマ四章で詳説）と宣言するか分かっています。またここには、イエスにおいて将来が現在に持ち込まれる様子が意識されています。最後の時に好意的な審判を受ける者は（ロマ二章参照）、信じたときにすでにその判決を知らされているのです。

このことによっても、神の正しさが明白になります。既述のとおり、パウロの時代の執筆者たちは疑問を投げかけていました。すなわち、もし罪が普遍的でありながらイスラエルとの約束を神が結んだならば、神はいかにして公正で、契約に対して誠実で、同時に公平な審判者に期待されることを行うことができるのか。一方では悪を裁きつつ、一方では苦難のただ中で神を呼び求める民に救いをもたらすことは可能か。本ペリコペにおけるパウロの応答は以下のとおりです。神はイエスの死において、⑴罪を適切に偏らずに対処することで自らの正しさを示し、⑵契約に対して誠実であることを示し、⑶助けを求める者の信頼に応える強い決意があることを示している。

神の契約に対する誠実さがイエスの誠実さによって明らかとなったように、その誠実さに信頼を示す者はすでに神の民として定められているのです。イエスの死によって神の正しさが示され、イエスの死によって福音を信じる者の正しさが示されました。私たちはしばしば、パウロの手紙を読みながら、神の前に跪いて感謝の意を表すべきと感ずることがあります。このペリコペは、まさにそのような機会です。

三章二七―三一節　ユダヤ人と異邦人の神

[27]誇りはどこへ行ったでしょうか。それは閉め出されます。どのような律法によってでしょう
か。行いの律法でしょうか。否、信仰という律法によってです。[28]私たちは、律法の行いによら
ず、信仰という基準によって人が正しいと宣言されることを知っています。[29]神はユダヤ人のみ
の神でしょうか。神は諸国民の神でもあるのではないでしょうか。もちろん諸国民の神でもあり
ます。[30]なぜなら神は唯一の方だからです。神は信仰という基準によって割礼を受けている者を
「正しい」と宣言し、また信仰という基準によって割礼を受けていない者を「正しい」と宣言し
ます。[31]それでは、私たちは律法を破棄することになるでしょうか。決してそのようなことはあ
りません。私たちはむしろ律法を確立するのです。

キリスト者が大西洋を挟んで英国と北アメリカとのあいだで往き来すると、互いに同様の違和感を感じます。「あっち側では同じ賛美歌の詞を変なメロディにあてて歌ってる」と、互いに不平を漏らすのです。慣れ親しんでいる賛美歌の言葉が、大西洋を越えるとまったく耳慣れない旋律に乗せられていることがしばしばあります。あるいは有名なメロディに聞き慣れない詞がつけられていることもあります。

パウロが律法、つまりユダヤ律法であるトーラーを聞き慣れないメロディに乗せて語るとき、同じような違和感が感じられる場合もあります。パウロの時代に至るまでは、パウロも同時代の他のユダヤ人も（パウロのようなファリサイ派のみならず、死海文書を書き残した他の宗派の人たちも）、律法を以下のようなメロディに合わせて歌っていました。つまり、律法について以下のような前提を持っていました。神がイスラエルにトーラーを与えたので、律法は聖く公平で良い。イスラエルはこの律法を守るよう求められている。神が歴史に介入して諸民族を裁き、イスラエルをその縄目から解き放つとき、律法を守る者は報いを受ける。将来の報いは、今現在「律法の行い」を守り行っていることによって保証される。これが将来を保証する現在のしるしである。

これは「律法の行いによる義認」という教理です。この教理はクムラン共同体の第四洞窟で見つかった文書で、4QMMT（「トーラーの諸行為」）として知られる死海文書の一部に明示されています。「律法の行い」が何を指すかは宗派によって違っており、特定の聖書箇所に対する固有の解釈をとおして、どのような行いが強調されるかは異なります。彼らはユダヤ人がみな記述律法を守ることを前提としており、それぞれの状況に応じて律法遵守を保証するためのさらなる規則が定められています。

誰が将来に神の報いを受けるのかという問いにおいては、まずユダヤ人であることが前提となります。彼らのみが律法を持っており、それゆえ基本的に彼らのみが律法を守ることができるからです。この中には改宗者、つまりユダヤ教に改宗した異邦人も含まれますが、彼らは割礼をとおしてユダヤ人となり、他の律法の定めにも従わなければなりません。ユダヤ人であれば誰でも将来の報いが保証されているかといえば、そうではありません。ファリサイ派とその流れを継ぐラビたちは、彼らの律法解釈のみが正しいと考えました。またファリサイ派の中にも、さまざまな解釈があります。死海文書の著者たちは、彼らの共同体、その中でも律法を「正しく」行う者のみが報いを受けると考えました。

これをパウロは「奢り」という語で表現し、これが福音によって排除されていると述べます。パウロは「律法」という主題を取り上げ、彼自身も彼と同時代の誰も想像すらしなかった、まったく異なる旋律でそれを奏でてみせたのです。律法はどのようにして成就できるでしょう。神が将来において報いる民のうちに数えられている人は、どのようにして律法を成就するでしょう。もし「行い」という旋律で「律法」を奏でているならば、この問いに対する答えはないのです。しかし「信仰」という旋律で歌うなら、答えは導き出されます。

これは多くの読者にとって非常に奇異な概念なので、多くの翻訳が二七節の「律法」を、「原理」だとか「制度」だとかと訳します。そうすることによってある程度の意味が通じるからです。しかしこれは、パウロが意図することとまったく異なります。ローマ書の後半、特に一〇章四―九節において、十字架で死んで復活したイエスの福音を信じる信仰をとおしてユダヤ律法を成就するとはどういうことか、パウロは詳しく説明します。ただ本ペリコペではこの理解を前提としつつ、パウロは議論を先に進めて三つの点について述べます。これらはローマ書全体の中枢部を理解するために重要な概念です。

まずその一つが「信仰義認」です。これは先行するペリコペで述べたように、イエスの福音を信じる者に対して、神が最後の日の審判を前もって宣言することです。すなわちこの人は契約の家族の一員です。罪が赦されたアブラハムの真の民、メシアの民なのです。

パウロが述べる「信仰義認」には他にさまざまな付加がされがちですが、右がパウロの意味する信仰義認の中核です。これはなにも、神が聖さに関心を示さないことを意味しません。これはなにも、規則などどうでもよく、何かを信じさえすれば「何でもあり」ということを意味しません。これはなにも、神は本来、人に道徳的「行い」を与えて道徳的人間を造ろうとしたが、それが人類には困難だと分かり、レベルを下げたことを意味しません。むしろこれは、より明確で、確固とした、潔い、それゆえに驚きに満ちた概念です。すなわち、神が主であるイエスを死から甦らせたことを信じ、この神に信頼を寄せる者ならば、神の家族の一員として保証されるということです。これは、信仰という行為自体にご利益があるからではありません。信仰は神の好意を得る呪文ではありません。信仰とは、福音がそれを聞く人の心を変革させたことの揺るぎないしるしなのです。このようにして神を信頼する者こそ、新たな契約に属する人なのです。パウロがのちに述べるように、信仰は聞くことから始まり、それはメシアに関する言葉を聞くことです(一〇・一七)。

二つ目の点は、もしこの信仰が神と新たな契約を結んだ民であることを示す唯一のしるしであるならば、ユダヤ人と異邦人はまったく同じ条件下に置かれる、ということです。それゆえ、もはや「奢る」根拠が退けられています。もし「行いの律法」が条件ならば、ファリサイ派やエッセネ派の生き方から分かるように、ユダヤ人が有利となるでしょう。しかしもし、行いではなく信仰を根拠として正しいと認められるなら、誰が有利かということはなくなります。したがってパウロは、読者に質問を投げかけます。「神がユダヤ人のみの神ということがあろうか。神は全被造物にとっての創造神ではないか。それならば神は、すべての者を同じ条件下に置かないだろうか」。もしユダヤ人が福音を信じるなら、神は彼らの信仰を根拠に契約の民としてもう一度迎え入れるでしょう。もし非ユダヤ人が福音を信じるなら、同じ信仰を根拠に彼らを契約の民として迎え入れるでしょう。

三つ目の点は、唯一神信仰に関する事柄です。これはユダヤ人の信仰の中核ですが、パウロはこれを用いて、ユダヤ人の特権的立場を主張する者たちに反論します。「聞け、イスラエルよ、我らの神、主は唯一の主である」（申六・四）。これはユダヤ人の基本的な信仰告白で、敬虔なユダヤ人は毎日欠かさず祈りのうちに覚えます。この信仰告白は、ある意味においてトーラーの中心に位置し、トーラーを要約する言葉です。じつにイエスはそのようにこの言葉を理解しました（マコ一二・二九―三〇）。パウロはこの告白を、唯一の神の前では「何の区別もない」（三・二二参照）という議論の証拠として用いています。もしイエスがイスラエルのメシアであれば、諸国民すべてが神の民として等しく招かれる時が訪れたのです。

私たちはまったく異なる賛美歌を歌っているのでしょうか。つまり、律法を破棄しようとしているのでしょうか。決してそのようなことはありません。私たちはより豊かな旋律で、神自身が律法のために記した旋律で、律法を歌い上げているのです。律法は、ファリサイ派や他の人たちが試みた仕方で成就されるべきではなかったのです（ロマ九・三〇―一〇・四参照）。律法は本来的に「信仰」という旋律で歌われるべきものです。パウロは律法に対して否定的であると考えられがちですが、彼がローマ書を書いた理由の一つは、それが誤解であることを明らかにすることでした。律法は神の律法であり、それが破棄されることはありません。むしろ律法は、今まで誰も想像しなかった方法で、つまり信仰をとおして成就されるべきものです。

四章一―八節　アブラハムとの契約

[1]それでは何と言いましょうか。私たちはアブラハムを人間的な意味で祖先と認めたのでしょ
うか。[2]いずれにしても、もしアブラハムが行いを根拠として「正しい」と認められたのなら、
彼には誇る理由があるでしょう。しかし、神の御前でそのようなことはありません。
[3]それでは聖典は何と言うでしょう。「アブラハムは神を信じた。そのことが神の好意を得て、
彼を正しいと認めた」。[4]誰かが「行い」をするならば、その報酬は恵みを根拠とせず、むしろ労
働に対する支払義務を根拠とします。[5]しかし誰かが「行い」をせず、不敬虔な者を正しいと宣
言する方をたんに信じるならば、その信仰は契約の正義の側にあると見なされます。
[6]私たちは、行いによらず神によって正しいと認められた者へもたらされる祝福についてダビ
デが語るとき、同様の原理を認めます。

[7]律法違反が赦され、罪が覆われた者は幸いである、
[8]主が罪と認めない者は幸いである。

四歳の子どもが、戦争で両親を亡くしたとしましょう。その子は自分の状況をある程度理解して悲

しむことはできるでしょうが、自分を守る術を持つには幼なすぎます。遠い親戚がこの子をあずかりますが、家には余裕がなく、長らく面倒を見続けるわけにはいきません。したがって養子に出されます。何が待ち受けるか見当もつかない子は、期待と不安のない交ぜです。

ある日知らせが舞い込みます。子どものない夫婦が、この子を養子として迎え入れて、息子として育てたいというのです。その子は知らせに安心しますが、その一方では心配がふつふつと湧いてきます。「新しい両親はどんな人たちだろう、どこに住んで、どんな人生を送っているだろう」。それは、どのような家庭に属することになるか、という疑問です。

これはローマ書三章二一―三一節をもとに、パウロが当然のごとく投げかける質問です。しかし、ローマ書の読者にとってこの疑問はいつも当然であったのではありません。多くの人々がローマ書三章を読むと、個々の罪人がいかに**信仰**をとおして恵みによって義と認められるかという点にのみ意識を向け、イスラエルへの神の約束、**契約**、そして契約の民となるという意味での「**義認**」を見過ごしがちでした。これらを見逃してローマ書四章に進むならば、唐突な展開に驚くことになります。なぜパウロは、突然アブラハムについて語らなければならないのか、と。

アブラハムの唐突な登場には以下のような説明がなされてきました。パウロの反対者たちがアブラハムを議論に持ち出したので、パウロ自身もアブラハムを引き合いに出して反論した。あるいは、パウロが提案する新たな教理がじつは**律法**を成就するということを立証する目的で聖典を持ち出した。あるいは、パウロは誰かが信仰によって神に義と認められた立証テクストを持ち出してきたにすぎない、と。これらの議論はすべて、パウロの思想世界を十分に考慮していると思われません。

しかしローマ書三章（そして二章をも含めて）を既述のように理解するならば、ガラテヤ書でアブラハムが取り扱われたのと同様に、四章でアブラハムに関する議論が登場するのは当然のことです。なぜなら、アブラハムは契約の民の始まりであり、この民にキリスト者が今属するからです。「義認」とは、この民に迎えられたということを神が宣言することを意味します。それでは、この民はどのような民でしょう。

この問いは、本ペリコペ開始部を理解するのに役立ちます。これは一見すると不可解な文章で、ほとんどの翻訳が誤訳しています。原語には、アブラハムが何かを「得た」とか「見出した」を示す語はありません。パウロは他所でもそうするように、「それでは何と言いましょうか」と切り出しています。そして他所でもそうするように、パウロは自分がこのあと反論することとなる内容をまず俎上に載せます。「私たちはアブラハムを人間的な意味で祖先と認めたのでしょうか」。すなわち、私たちが今養子としてとられた先の民あるいは家族は、民族的で身体的な意味でのアブラハムの家族でしょうか。あるいはそれとは異なる意味でアブラハムと結ばれたのでしょうか。この問いが四章全体の導入として機能します。アブラハムは義認のたんなる例とか立証テクストとして扱われているのではありません。ローマ書四章は、神が本来いかにアブラハムとの契約を確立したか、アブラハムの民とはいかなるものか、を解説しています。この章は一七節において頂点を迎えますが、しばしばこの箇所はあまり意味のない付加のように考えられがちです。しかしそこで述べられるのは、アブラハムの民がただ一つの民族からなるのではなく、「（多くの）諸国民」からなるということです。

ローマ書四章の屋台骨を形成しているのは、創世記一五章に関するパウロの解釈です。ローマ書四章三節ではまず創世記一五章六節が引用され、この引用句に何度も立ち返りつつ創世記一五章の主題とその広い文脈が言及されています。創世記一五章では神がアブラハムと契約を確立し、アブラハムから偉大な民あるいは「家族」が形成されることを約束します。アブラハムはこの約束を信頼し、その信頼が「神の好意を得て、彼を正しいと認めた」のです。これに続いて創世記は、契約を確立する儀式に言及します。パウロにとって、ユダヤ教の場合と同様に、神と正しい関係を持つことは契約の民の構成員となることを意味します。じつに創世記一五章六節は、「アブラハムが神を信頼し、その基礎の上に契約が確立した」と述べているのです。

ローマ書四章が論破しようとしているのは、キリスト教が「律法の行い」によって定義される民族的ユダヤ教の下部組織のような存在であるという理解です。アブラハムは、不敬虔な者を正しいと宣言する神を信頼しただけです。もし律法の行いによって正しいと認められたのなら、彼は何か誇ることができたでしょう。アブラハムは、ユダヤ律法をあらかじめ理解してそれに従うようなことができたわけではありません。創世記は、「アブラハムが律法を守ったので、神は彼とのあいだに契約を結んだ」とは言いません。したがって真の契約の民は、律法の行いによって定義されることはありません。

パウロはこの点を強調するため、四―五節で賃金労働の労賃をメタファとして用います。ここでは、労働を行って代価を受け取る者と、労働をせずにただ信じる者が対比されますが、おそらくこれは、「行い」という概念を説明するものでしょう。もっともこのメタファは中途半端に終わっていまず。パウロはこの説明の後半で労働と報酬のメタファをすぐさま脇に置いてしまい、「不敬虔な者を正しいと宣言する神に信頼を置く者」について語り出すからです。

それでは、アブラハムが不敬虔な者を正しいと宣言するような神を信じた、とはどのような意味でしょう。パウロは以下の事実、あるいは少なくとも伝承を念頭に置いていたのかもしれません。すなわち、唯一神に呼び出される以前、アブラハムは典型的な異教徒で、神による召命の時点でも神を知らず、ましてや神に従うことが何たるかなど知るよしもない「不敬虔」な者であった。それでも神はアブラハムを契約へと召し入れた、と。この契約はじつに不敬虔とその結果である堕落や崩壊や邪悪(一・一八―三二)に解決をもたらすものでした。すなわち、アブラハムは私たちとスタートラインを一にしています。つまり、異教徒で非ユダヤ教徒としてのスタートを共有しているのです。アブラハムをとおして偉大な民が生じるという約束は、試練と指導と変革の開始を意味していたのです。パウロはこの点についてローマ書四章の後半で語ります。いずれにしてもこの箇所におけるパウロの強調点は、異邦人で非ユダヤ人であっても、アブラハム自身がそうであったように、信仰によって契約へと入れられるということです。この点は、本章においてさまざまな角度から語られることになります。

アブラハムが最初の証言者なら、パウロは続いて、詩編のうちの何編かを執筆したとされるダビデ王を証言台に立たせます。詩編三七編(ここでは七―八節を引用)は、罪の罰を科せられない罪人の幸いについて述べます。契約には、罪を対処するために確立されたという側面もあります。契約に入るとは、ローマ書三章二四―二六節に記載されたような仕方で罪が解決されることを意味します。罪が赦されて、それが経歴から取り外されること、これは神がアブラハムを呼び出したときに意図していたことです。罪の赦しは、キリスト者の特権としてもっとも重要な要件の一つです。カルヴァリでの出来事（イエスの十字架刑）からさかのぼること一〇〇〇年、ダビデ王はこの真実を特記していますが、十字架の出来事はこの真実を確固とした基盤に据えたのです。私たちはダビデ王以上に、この点を喜んでよいはずです。

四章九―一二節　割礼者と無割礼者の父アブラハム

[9]それならば、この祝福は割礼を受けた者にもたらされるのでしょうか、あるいは割礼を受けていない者にももたらされるのでしょうか。私たちはこのように引用しました。「アブラハムはその信仰が認められ、正しいと宣言されました」。[10]それはどのように認められたのでしょうか。それは割礼を受けた者としての信仰でしょうか、割礼を受けていない者としての信仰でしょうか。アブラハムは割礼を受けた者としてでなく、受けていない者として信じました。[11]彼は、契約の民としての立場を示すしるしとして割礼を受けました。それは、割礼を受ける前に示した信仰を根拠とした立場です。それは、アブラハムが割礼を受けないで信ずる者すべての父となるためであり、こうして彼らも契約へと入れられるのです。[12]アブラハムはもちろん、割礼を受けた者の父でもありますが、彼らはたんに割礼を受けているのみならず、アブラハムが割礼を受ける以前に持っていた信仰に倣う者でもあるのです。

結婚式においてもっとも厳粛な瞬間は、新郎と新婦が指輪を交換するときでしょう。私は多くの結婚式を司式し、また参席してきました。二人の子どもの父としても結婚式に立ち合いました。指輪は、新たな関係が開始したことを、その指輪をつける者と家族と社会に対して宣言し、その記憶は人の心にとどめられます。新たな契約が結ばれました。じつに結婚は一つの「契約」であり、両者を結び付ける合意です。旧約聖書の預言者たちは、ときとしてヤハウェとイスラエルとの契約の性質を強調するために、結婚のメタファを用います。

指輪は契約のしるしであり、永遠に続く愛の関係性を語ります。神がアブラハムと契約を結んだときにも同様のことがありました。すなわち、契約のしるしとしての割礼が与えられたのです。契約が結ばれた二章あとの創世記一七章では、神がアブラハムに割礼を受けるように、また奴隷の女ハガルとのあいだにもうけた子に割礼を施すように命じます。このとき同時に、すでに高齢となったアブラハムとサラとのあいだに、子が誕生するという約束が与えられました。この物語の中心（一七・一一）には、割礼こそが神とアブラハムとのあいだに結ばれた「契約のしるし」であるという宣言がありま す。したがってパウロがこの箇所に言及し、割礼は信仰を根拠としてアブラハムが正しいと認められたことのしるしであると言う場合、「正しい関係性」あるいは「義」とは「契約の民である」こととほぼ同義語であると理解できるでしょう。

ここでパウロは割礼と無割礼の問題を繰り返します。この問題はガラテヤの諸教会においても重要でした。ユダヤ人キリスト者が異邦人の改宗者に対して、アブラハムの正式な家族に属するためには割礼を受ける必要があると教えていたのです。これに対してパウロは、その必要がないことを強く論じました。パウロはローマ書において、ガラテヤ書で用いた議論のいくつかを転用していますが、ここでの議論は新たなものです。この議論は以下のように単純化できるでしょう。創世記一五章は一七章より少し前に起こった出来事であり、神がアブラハムとのあいだに契約を結んでアブラハムを正しいと宣言したとき、アブラハムは割礼を受けておらず、契約締結後もしばらくのあいだ無割礼のままだった。したがって割礼は、アブラハムの家族に属するための条件とはなりえない、と。もしこれが絶対条件ならば、アブラハム自身もこの契約に入るための条件を充たしていなかったことになるのです。

この議論が、ローマ書四章一節の質問に対する重要な応答につながります。私たちはどのような家族の一員となったでしょうか。アブラハムは身体的な意味で私たちの先祖となったでしょうか。すなわち、異邦人の改宗者は割礼をとおして民族としてのイスラエルに属する必要があるでしょうか。パウロは、その必要はないと応えます。アブラハムは、割礼を受けていなくとも、信じる者すべてにとって父なのです。信仰という根拠によって、私たちは契約に入ります（一一節）。もっともパウロは、アブラハムの家族が異邦人のみからなるというような誤解を与えないよう、早々に説明を付け加えます（一二節）。アブラハムはもちろん、割礼者にとっても父である。それでもこの付加は、争論の引き金となりかねません。なぜならパウロは、アブラハムが割礼者にとっての父であると述べたあと、ユダヤ人もたんなる割礼者ではなく、アブラハムが無割礼のときに示した信仰に倣う者でなければならないと述べるからです。

多くのユダヤ人は、当然のことながらこの点に違和感を抱きます。パウロはアブラハムの家族を二方向へ定義し直します。第一にパウロは、アブラハムの家族をユダヤ人のみでなく異邦人へも広げます。第二にパウロは、この家族となる条件を狭め、ユダヤ人なら誰でもこの家族に属するわけではないと述べます。パウロや初期のキリスト者を含めたユダヤ人はこの家族に歓迎されますが、そしてローマ書後半ではより多くのユダヤ人がこの家族に加わることが期待されますが、その場合キリスト者としての信仰が条件となります。

パウロは、このような議論が当時どれほどの論争を生じさせるか承知していました。これはまた、今日においても微妙な問題です。私たちは、反ユダヤ主義ととられるような発言を避けるよう、細心の注意を払います。ここで、本ペリコペや他所でのパウロの言説が反ユダヤ主義でないことを強調しておく必要があるでしょう。紀元前二世紀頃から紀元後二世紀頃までのユダヤ人運動には共通する思想があり、パウロもそれを共有していました。すなわちそれは、神がイスラエルを再定義し、新たな境界線を定めて、契約を刷新する時が迫っている、という思想です。パウロはのちに、ユダヤ人を退けようとしているとの批判に反論しますが、それでもアブラハムの家族の一員となる条件が信仰であることを強調し続けます。この場合の「信仰」は、契約を刷新する出来事としてのイエス、その死と復活に焦点を置いています。この点について、パウロは九―一一章で詳述します。

今日の教会はその門を広く開けて、あらゆる民族、あらゆる家族、あらゆる地域、あらゆる文化といったさまざまな背景を持つ人々を歓迎すべきです。しかし、この多民族的で多文化的な共同体は、その構成員となる条件を明確にしておかなければなりません。それはすなわち、イエスが主であり、神がイエスを死から甦らせたことを信じる信仰です。二一世紀のキリスト者には、受容とアイデンテイティという二つの要件のあいだでバランスを保つことが求められています。

四章一三―一七節　信じる者すべての父アブラハム

[13]神が世界を相続させるという約束は、律法をとおしてアブラハムやその家族にもたらされたのではありません。それは信仰による契約の正義をとおしてもたらされました。[14]なぜなら、もし律法に属する者が相続することになれば、信仰は空虚で、もはや約束は破棄されてしまうからです。[15]それは、律法が神の怒りを呼び起こすからです。しかし、律法のないところに、律法違反はありません。

[16]したがって「信仰による」のです。それは約束が恵みによるためであり、約束が全家族に対して有効になるためです。この家族には律法から出る者だけでなく、アブラハムの信仰を共有する者も含まれます。アブラハムは私たちすべての者にとって父なのです。[17]それはまさに、聖典が「私はあなたを多くの民の父とした」と言うとおりです。このことは、アブラハムが信じた神の御前で起こりました。この神は死者に命を与え、存在しないものを存在させる神です。

私は今日、あるユダヤ人キリスト者の方から厳しい抗議のメールをいただきました。それは現在の中東問題に対して私が非常に注意深く発言した内容に対しての批判でした。私は数年前エルサレムに滞在して仕事をしていましたので、民族的にも宗教的にも複雑に絡み合った諸地域に今でも友人がいます。メールの送信者の主な主張は、神が約束の地をイスラエルに与え、その約束は現在でも確固としたものである、したがってイスラエルの安全保障に対して何者も介入すべきでなく、それはヨルダン川西岸地区全域を回復するための軍事行動をも含む、というものでした。

これは、現在そして将来にわたって激しく論争されるであろう問題です。ここでこの問題を取り上げたのは、それがローマ書四章一三節でパウロが論じていることと関わるからです。メールの送信者にもこの節を読むように勧めました。パウロは、アブラハムとその家族に対して神がこの世を相続させる、という約束を前提としています。これは驚くべき約束です。創世記においては、カナンの地、現在「聖地」と呼ばる地とほぼ重なる地を神がアブラハムに与えると、ことあるごとに約束していきます。そののちに書かれた文書では、約束の地が拡大し、紅海からユーフラテス川を含み北東へとさらに広がる土地が想定されますが、その中心にはいつもカナンの地があります。年代的にパウロにより近い著者たちは、「聖地」をさらに拡大解釈しましたが、それでもその焦点は本来の約束された地です。

しかしパウロにとって、また新約聖書全体において、地理的な意味での聖地という概念はすでに消え失せており、それに代わって――例えばローマ書八章にあるように――全世界こそが、神の約束した「聖地」であるという新たな理解が形成され始めていました。ユダヤ思想の驚くべき修正です。これは、**異邦人**に**割礼**を要求しないと同様に重要な理解です。十字架につけられ、死んで甦った**メシア**によって治められる新しい世界では、特定の地理的場所も慣習も意味をなくすのです。

この修正された約束に関するパウロの言及は、特にローマ書八章を見据えていますが、それと同時にローマ書全体の重要な諸主題を意識しています。神の契約における正義は、全世界を正しくすることを目的としています。被造物の主としてまた審判者として、神はその役割を白らに課しているのです。したがって本章において、アブラハムの家族が民族を超越した存在として再定義されたことをパウロが述べるとき、神がアブラハムにカナンの地を約束したことの真意は全世界の刷新です。したがって聖地という表現は、より大きな目的と約束を指し示すメタファなのです。

前段落で明らかになったように約束が割礼に依拠しないのであれば、それはユダヤ律法にも依拠しないこと、それが一三、一四、一五節における重要な点です。アブラハムは律法を持っていませんでした。アブラハムの時代には、律法がまだ与えられていなかったからです。パウロはガラテヤ書三章においてこのように議論したのですが、ローマ書ではより否定的な議論を始めます。すなわち、もし律法を持ち出すならば、誰も約束を享受することはできない、と。

これはどういう意味でしょう。パウロが想定していることの全体像を詳らかにするためには、ローマ書をもう少し先まで読み進む必要があります（五・二〇、六・一四、七・一―八・一一）。さらに九章三〇節―一〇章一三節も考慮に入れるべきでしょう。現時点では、すでに取り上げた二章一七―二九節、三章一九―二〇節、三章二七―三一節の議論に基づいてパウロの意図を探り始めましょう。

律法に関するもっとも大きな問題は、その機能が罪を明らかにして、それを処分することだということです。しかし、そのために非常に多くの罪が白日のもとに晒され、罪人が大量に処分されることになります。したがって、もし神の民が律法によって定義されるとすれば、「民」が消滅してしまうのです。ローマ書三章二〇節が述べるように「律法をとおして得られること、それは罪に関する知識です」。また「律法は神の怒りを呼び起こす」（四・一五）のです。神の民が新たにされるならば、律法から解放された共同体として繁栄しなければなりません。そうでなければ信仰――特にアブラハムの信仰――には意味がなく、神がアブラハムになした約束は無効となるのです。

またそれ以上に、もし異邦人が神の民に同等の立場で属するとなると、ユダヤ民族を規定する律法によって定義されない場が必要となります。約束は家族の一部でなく、家族全員にあてはまらなくてはなりません（一六節）。それゆえ文字どおりには、「『恵みによる』ために、『信仰をとおして』でなくてはならない」と、パウロは述べます。ローマ書三章二七―三〇節でも述べられたとおり、これによって異邦人はユダヤ人と同等の立場になることができます。こうして本来の約束どおり、神はアブラハムに民族を越えた家族を与えることになるのです。一六節の後半と一七節は、一節の疑問への応答です。神は、「私はあなたを多くの民の父としました」（創一七・五）と述べます。パウロはこの言葉を根拠に、アブラハムに約束された家族は本来的に単一民族によるものではなく、諸国民から広く集められると考えます。アブラハムは「私たちすべての者にとって父なのです」。

これはどのようにして実現されるでしょう。パウロは、神自身の創造的力こそがその鍵であると述べます。神は死者に命を与え、存在しなかったものを生み出します。おそらくパウロは、自分をも含めたユダヤ人が契約に属する者でありながら、「その他の人類と同様に怒りを受ける子」（エフェ二・三）であり、新たな仕方で命を与えられる必要があると考えたのでしょう（ロマ一一・五参照）。一方で異邦人は契約の外におり（エフェ二・一二）、外から迎え入れられるのです。したがって、ユダヤ人の改宗は「死者の命（甦り）」（一一・一五）であり、異邦人の改宗は「新たな創造」です。このようにして創造主であり命を与える神は、信じるユダヤ人と信じる異邦人を同じ立場に置いて、アブラハムの新たな家族へと招き入れたのです。

アブラハムの子孫であることを強く意識するキリスト者は少ないことでしょう。キリスト者にとってアブラハムに関する主題は、おうおうにしてユダヤ人の関心事であり、またイスラームの人たちの問題であると映るでしょう。しかし新約聖書において、アブラハムの子孫が民族を越えた多様性に富む家族であるという理解は重要です（マタ三・八を参照）。この忘れられがちな主題に光をあてる時が来ているのではないでしょうか。

四章一八—二五節　アブラハムの信仰と私たちの信仰

[18]希望が持てないときでも希望を抱きつつ、「あなたの家族はこのようになる」と言われたこと
に従い、アブラハムは自分が多くの民の父となることを信じました。[19]彼自身の体（一〇〇歳にも
なり弱くなっていたのでしたが）とサラの胎が命を宿さないことを知っていても、信仰は衰えませ
んでした。[20]神の約束を目の当たりにしても、不信仰によって迷うことはありませんでした。そ
れどころかその信仰は強まり、神に栄光を帰しました。[21]神が約束されたことを成就する力を持
っている、と確信したのです。[22]それゆえに、「それは彼にとって契約の義と認められた」のです。

[23]「彼にとって認められた」とは、アブラハムのためだけに書かれたのではありません。[24]これ
は私たちのためにも書かれているのです。私たちの主イエスを死者の中から甦らせた方を信じる
ならば、私たちにとってもそれは認められるのです。[25]主イエスは私たちの違反のために引き渡
され、私たちの義のために甦らされました。

私と私の家族が一九八〇年代にカナダへ移住したとき、初期の開拓者たちのことをよく考えたものです。彼らが見知らぬ新たな地に辿り着いたとき、そこで何が待っているかも知らず、季候も分からず、作物が育つか見当もつかないので、そこに未来と希望があるか不確かでした。私たちは開拓者村を訪れ、当時の農作業の様子を見学したのですが、三〇〇—四〇〇年前にやって来た人たちの並々ならぬ苦労と決意に触れて感動しました。

特に最初の冬のことを想像してみました。この原稿を執筆している英国の冬では、窓の外で雪が地面を覆っているのが見えます。それでも気温は氷点下まで下らず、雪もすぐに解けてしまうことでしょう。ときとしてドカ雪を経験しますが、本当の雪国の厳しさとは比較になりません。セントラルヒーティングも温水器も動力のついた農機具もないカナダの冬を想像してみましょう。家族は病に伏し、家畜は弱って死に、蒔いた種は一メートルを超える雪に埋もれ、地面さえも凍ってしまいます。二月が三月へと移っても、雪と氷は残ります。いつになったら春が来るのか、と心細くなるでしょう。こんなところへ来なければよかったと、希望も夢も失いかけたことでしょう。

それでも彼らは希望を持ち続け、地を耕し、家族を育み、共同体を建て上げ、国を造りました。私

がアブラハムの途方もない信仰と希望とを考えるとき、契約の家族を最初に開始したその驚くべき信仰と希望に目を向けるとき、初期の開拓者のことに思いを巡らすのです。アブラハムの世界では、そして私たちの世界においても同様ですが、五〇歳を超える夫婦に子どもがないなら、ましてや一〇〇歳を超えるともなれば、おそらく残りの人生に子どもを授かる望みを持たないものでしょう。そのようなとき、生ける神、世界の創造主である神が、尋常でない約束を提示します。お前は空の星ほどに、砂浜の砂ほどに大勢の子を得よう、と。一八節において述べられる「あなたの家族はこのようになる」という神の約束は、これを指しています（創一五・五）。アブラハムはこの約束を信じましたが、それが「彼にとって契約の義と認められたのです」（創一五・六、ロマ四・二二）。すなわち、「それは契約に属する根拠として彼のために認められました」という意味です。契約の家族の中心にある信仰とは、常識では不可能なことを約束し、しかもそれを成就する神を信じることです。

しかしパウロが述べるアブラハムの信仰とは、たんなる不可能に直面した際の英雄的信仰以上のものです。それはローマ書一章に記された人類の堕落からの意識的な転換です。アブラハムの信仰と、それと同様の信仰（つまりキリスト者の信仰）において、一度は「引き渡された」人類がもう一度神へと引き戻され、本来の人間らしさが何であるかを見出すことができるのです。

人類は神を無視しました（ロマ一・二〇）。アブラハムは神を創造主として、また命を与える主として信じました（四・一七）。人類は神の力を知っていましたが、その神を神として拝みませんでした（一・二〇）。アブラハムは神の力を認め、その力に信頼を置きました（四・二一）。人類は神に当然帰すべき栄光を帰すことをしませんでした（一・二一）。アブラハムは神に栄光を帰しました（四・二〇）。人類は神でない者を拝み、自らの身体の誉れを汚しました（一・二四）。アブラハムは新たな命を与える神を礼拝し、父となる年齢を超えているにもかかわらず、新たな命を宿す力を得ました。

神はアブラハムを召命し、人類をあるべき姿へと引き戻すことをしたのです。しかしこれは、アブラハムのみをとおして完成することではありません。アブラハムは将来を示す標識のようなところがあります。それは曲がりくねった道のりの最初の部分であって、決してゴールではありません。イエスの死と復活をとおしてゴールに至るのです。パウロはここまでのところで、イエスの死と復活に関してその詳細を語っていません。これらに関しては、手紙の冒頭（一・三―四）と短い贖罪論的表現（三・二四―二五）において触れられているのみです。このペリコペでも、そのまとめ部分に短い言及があるのみです。しかしこれが、ローマ書五―八章における主題の伏線となるのです。

本ペリコペのまとめとしてイエスに言及するのは、そうすることによって議論を敬虔なものと見せかけるためでなく、むしろ議論全体が何を指し示しているかを教えるためです。つまりパウロは、力の源へと読者を引き戻そうとしているのです。イエスは私たちの違反のために引き渡されました。世界を本来の姿から引き離して歪めた人類の悪が、十字架の上で当然の裁きにかけられたのです（三・二五、八・三）。イエスは私たちの義のために甦らされ、私たちは「正しい」と宣言されて契約の家族に属しました。すなわちイエスの死と復活によって、神はイエスを「じつに私の子である」（一・四）と言うのみならず、「彼に依り頼む者はみな私の子である」と宣言するのです。

パウロの議論の背景には、「多くの人の罪を負い、彼らを義とする」（イザ五三・一一）受難の僕がありますす。すなわち、ローマ書最初の部分（一―四章）のまとめは、イザヤの預言がイエスにおいて成就したことを述べているのです。アブラハムの信仰がようやく報われ、律法が成就され、罪と死の問題が正しく取り扱われました。神はその子をイスラエルの代表であるメシアとして遣わし、イスラエルと全世界がなしえなかったことを成し遂げました。神の子に関する**良き知らせ**である**福音**を信じる者は、神がアブラハムに約束した全世界的な家族へと、新たな計画の民へと迎え入れられるのです。

この結論は、多くの疑問をも引き起こします。パウロはその一つ一つを、ローマ書の次のセクション（五―八章）で取り扱います。同時に、私たちに対しても以下のような質問を投げかけます。私たちはアブラハムの信仰を共有するでしょうか。私たちは、不可能を可能とする創造主である神へ、愛と感謝と信頼によってますます近づくでしょうか。私たちはこの神への信仰を堅くし、同じ信仰と希望を持つ人たちと一つの家族として生きるでしょうか。

五章一―五節　平和と希望

1その結果、信仰を根拠として「正しい」と宣言されたのですから、私たちはメシアである主
イエスをとおして神との平和を持っています。2この方をとおして、信仰によって、私たちが今
立っているこの恵みの内に進むことが許されたのです。それゆえ私たちは神の栄光という望みを
喜び祝うのです。
3それだけではありません。私たちは苦しみをも喜びます。なぜなら苦しみは忍耐を生み、4忍

耐は品性を練り、そのような品性は希望をもたらすからです。
5そして希望は私たちを失望させ
ません。なぜなら私たちに与えられた聖霊をとおして、神の愛が私たちの心の内に注ぎ込まれて
いるからです。

長年にわたってテレビやラジオで人気を誇ったあるコメディアンについて、最近耳にしました。彼のウィットに富む話と、次から次へと湧き出るジョークは高い視聴率を保証していました。しかし彼が亡くなったときに出された死亡記事には、彼の悲惨な過去を語るものもありました。若いときに始まった父親との不和は、とうとう解消しないままでした。彼自身も彼の息子との関係において同じ運命を辿りました。

家族関係が良好な中で育った私には、それがどれほどの苦しみか想像もつきません。電話一本でつながっているはずのもっとも身近な存在が、あなたと話をしようとしない、あるいはあなた自身が彼らと何の関係も持ちたくない、そのような状況を考えてみてください。それが何年も続いているとしたらどうでしょう。非常に悲しいことではありますが、これは何もこのコメディアンだけの問題ではありません。多くの人たちが同様の状況にあって、頼れるはずの近親者との縁が絶ち切られているのです。

しかし、それ以上に悲惨な状況もあります。多くの人々がこれと同様の関係性を神とのあいだに持っていることです。しかしローマ書の中心には、すべての和解につながる究極の和解、神との和解が述べられています。「信仰を根拠として『正しい』と宣言されたのですから」、私たちは何にもまして

神との平和を持っているのです。ローマ書一―四章で基礎工事を終えたパウロは、五章に入ると建物の建築に取りかかります。すなわち、神に関する古からの約束が成就するキリスト者の生き方です。それらの約束の中心に、個々の人々と創造主なる神との個人的な関係があるのです。

これは現代を生きる多くの人にとって意味のないことに映るでしょう。「神などいたとしても、人類一人一人の一挙手一投足に関心を寄せているなど馬鹿げた考えだ、何千万、何億といる人間の中で、私が靴紐を結ぶところを見ているというのか」。あるラジオ番組でこのようなコメントを偶然耳にしました。このような言い方をすれば、なるほど神信仰は馬鹿げたことに聞こえるかもしれません。しかしその愚かしさは、神を人よりほんの少しだけ大きく捉えていることに原因があります。しかし、聖書の神は人知で計ることのできない方です。世界を創造し被造物を超越し、それでいてその本質は愛であり、私たち一人一人と個人的な関係を築くことを当然のことと考える方です。

それは神にとって当然のことでも、私たちにとって当然ではありません。その理由はローマ書一章一八―三二節で述べられたとおりです。私たちの行動のみならず、私たちの考えまでもが、反抗と偶像崇拝によって覆い尽くされており、神との関係を築くことを困難にしています。もし関係を開始したとしても、それを維持することは容易でありません。確かに問題はあるでしょう。祈り自体も簡単ではありません。パウロは第二部の最後（八・二六―二七）で、聖霊における「呻き」に言及します。これは何をどう祈ったらよいか分からない状態を指します。しかし、そのような問題があったとしても、それ自体が神と私たちの関係性の構造的欠陥を証明するものではありません。

私たちが父なる神との和解を遂げると、神はたんに個人的な関係を私たちが享受するというだけにとどまらず、私たちが神の王国のための働きに参加するよう期待していることが分かります。そうなると私たちは、あらゆる問題に直面することになるでしょう。その際に、神の臨在を感じることができないことも、困難に見合う報いを感じられないこともあるでしょう。しかし神が近くにいると感じることができなくても、その感情が真理とは言えないのです。感情は移ろうものです。パウロは、漂う波のすぐ下にじっと動かない堅固な岩である神の真実に私たちが気が付くよう願っています。

五章の最初の二節では、神の臨在に私たちがつながっていることを喜びます。私たちは「進むことが許された」のです。これは神殿を意識した言語であり、神の御前に大祭司が進み出ることをイメージしています。ここでの「恵み」とは、神ご自身の臨在と力を指しています。信仰によって義とされた結果、私たちはいわゆる「恵みに入れられた」状態ですが、これは神の慈愛に囲まれてそれを享受する立場を指します。じつに人類はこのために創造され、それこそがもっとも人間らしい状態です。私たちが神の御前に立つとき、しかも畏れおののいてではなく深い感謝の気持ちで御前に出るとき、神の好意、知恵、力、喜びを余すところなく体験し、神のあり方を反映しその似姿を示す者となるように招かれていることを知るのです。パウロはこの体験を、「神の栄光という望みを喜び祝う」と表現します。私たちは、罪と偶像崇拝によって、この栄光を失っていました（三・二三）。私たちがこの栄光を相続するとき、全被造物は堕落から解放され、新たに見出された自由、すなわち私たちのあるべき姿となる自由を体験するのです。

それゆえにパウロは、苦難の最中においても喜ぶのです。この苦難は、いまだ堕落の中にある世界において父なる神の業を行おうとするとき、避けることができない苦しみです。ここで注目したいのは、「望みを喜び祝う」（二節）と同じように「苦しみを喜び祝う」のではない、ということです。苦しみの中でも喜び続けるのです。それは、苦しみが私たちを真に人として成長させるとき、神の臨在と愛のみならず、苦難さえもその役割を持つからです。この成長は忍耐から品性、品性から希望へとつながります。私たちは、すべてを今すぐ手に入れたい衝動に突き動かされる時代を生きています。これは方向性を失ったメディアの波に押し流されるがまま、真の安定性を失った状態と言えるでしょう。それは品性でなく表面的な見栄えしか提供し得ません。メシアであるイエスの福音は、私たちがあえてこのような流れに向かって進むことを教えています。

　このような奨めにおいて、パウロはもう一つの戒めを与えます。パウロはなぜ、「希望は私たちを失望させません」と言うのでしょう。それは、アブラハムがそうであったように、キリスト者も「希望が持てないときでも希望を抱きつつ」（四・一八）生きるように召し出されているからです。目に見えないことを待ち望むとき、世の中はそれを愚かと思うでしょう（八・二五）。しかし私たち自身は、それを愚かとは思いません。なぜなら、のちに続く節にあるように、私たちの生き方が神との平和あるいは和解によって裏打ちされているからです。イスラエルは、「心を尽くしてヤハウェを愛せよ」と教えられました。新たな家族がアブラハムにつながる真の家族であると確信するパウロは、聖霊という賜物をとおして、この愛の命令が真実の体験となると述べるのです。

　この第二部（五―八章）においてパウロが意図していることは、イエスに属する者を真の契約の民として確立することです。イスラエルに与えられたすべての約束（と命令）が、この民において成就します。パウロはすでに、「イスラエルよ、聞いて従え、ヤハウェなる神、ヤハウェは唯一」という、イスラエルの中心的な命令であり祈りである「シェマー」に言及しています（三・二九―三〇）。この神に対して、真の民として聖別された人々は、「信仰による従順」（一・五）を示しつつ、心からの愛を示すのです。

このペリコペには多くの重要な内容が詰まっており、詳細を語るだけの十分なスペースがここにないのが残念です。ただ一点、このペリコペが第二部（五―八章）の導入部となっていることだけは指摘しておきましょう。ローマ書を読む場合は、全体の議論に注目しながら、それがどのように展開するかを追う必要があります。パウロは、キリスト者の真理に関するいくつかの独立したエッセイを書いているわけではありません。パウロの思想全体を捉えるように注意して読み進むとき、神の真理の力と深い愛を見出すことになるでしょう。今しばらくのあいだ、神がその臨在に私たちを迎え入れてくださり、平和と希望を与えてくださることを感謝して祈りましょう。

五章六―一一節　神の愛と救いとを示すイエスの死

6これはすべてメシアがなしたことを拠り所としています。私たちがまだ弱かったちょどそのとき、この方は不敬虔な者のために死にました。7正しい人のために誰かが死ぬことさえも希《まれ》なのです。もっとも、良い人のために死ぬということがあるいはあるかもしれませんが。8しかし、このようにして、じつに神は私たちに対するご自身の愛を示されたのです。つまり、私たちがまだ罪人であったときに、メシアが私たちのために死なれたのです。
9この方の血によって私たちは正しいと宣言されました。それならば今はなおさら、神の来た
るべき怒りから、この方によって救われることは確かなことです。10私たちが敵だったときに、
御子の死をとおして神との和解を得ました。それならばなおさら、すでに和解された今、御子の
命によって救われることは確かなことです。11それだけではありません。私たちはメシアである
主イエスをとおして神をほめたたえます。このメシアをとおして、私たちは今この和解を得てい
るのです。

私はかつて以下の内容を耳にしました。教会ではじつにいろいろな噂が広がりますから。それはつまりこういうことです。ヨハネ福音書はすべて神の愛について語っているが、パウロの手紙はすべて律法と正義と厳しい白黒をつける教えからできている。右のペリコペは、このような噂をすぐさまかき消してしまいます。ヨハネ福音書における愛の主題に関しても、単純ではありません。そこでは神の愛が、炉で焼かれる金属のように、イエスに対する激しい嫌悪によって練られ、イエスの弟子をはじめ、群衆や祭司長やピラトに至るまでが、その無理解によって神の愛を試します。パウロが示す神の愛は、晴天の夏に昇る太陽のように輝き、ローマ書最初の四章が詳述した神の姿を照らし出します。私たちは早朝に布団から出てカーテンを開け放ち、この事実を知るべきです。ローマ書最初の四章は、じつに神の愛について語っていたのです。最初の四章を理解したところで、私たちは神の愛なる姿を楽しむことができるのです。

そして私たちは、その光景に目を奪われるのです。神の愛は、私たちが必要とすることすべてを満たしました。パウロはここで人と神とのあいだの和解について語りますが、この和解が成立するために神が何をなしたかを教えます。ただその前に、一つ重要な点をパウロが示唆していることに気が付きます。それは、私たちがメシアであるイエスを見るとき、そこには神の愛が形をなし、その愛が行動に移されている様子が見える、ということです。神の愛がイエスのうちに体現されているのです。

八節に注目しましょう。ここに見られるパウロの表現は、イエスの生き様と死に様において命と愛に満ちた神が受肉している（すなわち「肉体に包まれている」）ことを前提としなければ理解が難しいものです。もし私が以下のように述べたとしたら、それは説得力に欠けるのではないでしょうか。「あなたは今大変な状況にありますね。私はあなたのことを心から愛していますから、いても立ってもいられません。そこで私は、私でないですが、誰か他の人をそちらに送って助けになりましょう」。もしメシアの死によって私たちに対する神の愛の大きさを知ることができるのなら、それはメシアが完全に人であると同時に、そのうちに生ける神の完全な臨在があるからです。パウロはこの手紙において、これがいったいどういう意味か、詳しく説明することをしません。ただこの事実を前提とするのみです。パウロは他の手紙で「受肉」という主題をもう少し詳しく語りますが、私たちが期待するほどの説明を加えてはくれません。それでもパウロは、イエスのうちに神のまったき姿が見出せることを前提としています。またこの前提は、パウロの他の神理解に付加された少し変わった概念というのではなく、これこそが他のすべての教えを結び付ける鍵となる確信なのです。

特にこれは、神の愛とキリスト者の希望を結び付けています。ローマ書五—八章は、すべて希望に関する教えと言えます。イエスのうちに見られる神の業に信頼することをとおして神に属する者は皆、最終的な救いが約束されているのだ、という確かな希望です。この救いがどのようなものかに関して、パウロはこのペリコペで述べませんが、八章ではこの点が明らかとなります。

私たちは、義認が実際にどのようにもたらされるかを忘れてはなりません。パウロはつねに神の業を、過去、現在、未来という時制で意識し続けています。二章では、最終的な未来について述べました。神が人類の秘め事をすべて裁く時が来ます。その裁きは完全に公平です。しかし三章二一節―四章二五節では、神の法廷における正しいという判決が今現在知らされると教えました。イエスに関する神の良き知らせを信じる者は、今日においてすでに契約の家族に属し、その罪は赦されているのです。まだこの人生において先がある人々が、その人生において多くの邪悪なことを行うであろうのに、将来の判決がすでに与えられているという確信をどのようにして得るのでしょうか。

この疑問に対してローマ書五―八章は応答しています。将来の安寧が保証されるという現在の判決、この希望は、神がすでにキリストの死においてなした過去を基礎としています。パウロはこの主題に関して八章三一―三九節で大きな喜びをもって語ります。私たちが弱く望みのない罪人であったとき（六、八節）、メシアは私たちのために死に、神が私たちに抱く愛がどれほど大きいかを示しました。神がそれほどまでに私たちを愛しているのなら、来たるべき最後の審判から私たちを救い出してくれると期待できます（九節）。神はじつに、私たちに何も期待できないとき、神を怒らせることしかできないとき、すなわち私たちが神に敵対していたとき、私たちのために死ぬという目的で神の子を遣わすという、私たちの想像を超えたことをなしたのです（一〇節）。今はその神との和解を受けているので（一―二節）、神は私たちを見捨てることがないのです。

この議論において、パウロは「それならばなおさら」という表現を繰り返しますが、これはユダヤ的表現でもあり、より一般的な修辞的表現でもあります。もし神が困難なことをすでになしたのなら、より簡単なことならなおさら確実に完成されるのです。もし誰かが垂直に延びる岸壁を上り切ることができたのなら、そこから頂上まで続くなだらかな傾斜にくじけることはないのです。病床の友を訪問するために風雪を厭わず山を一つ越えて来た人は、玄関前に横たわる水たまりを越えてドアをノックすることに躊躇することはないのです。パウロが九―一〇節で述べているのはそのような論理なのです。

一一節は私たちの期待を裏切ります。ここで鍵となる語は「ほめたたえる／喜び祝う」です。これはパウロが二章一七節と三章二七節で述べたことと関連します。モーセ律法の下で生きた人々は、パウロ自身もそうしたのですが、彼らの神こそが創造の主であることをほめたたえました。彼らは、律法を所有することによってその特別な立場が保証されていることを「祝った／誇った」のです。パウロはこの誇りが空疎であることを指摘しています。一方で、イエスの福音がすべての誇りや奢りを打ち崩したので、またこの福音が苦しみの中で受容されたので（ロマ五・三）、「世々限りなく神はわれわれの神」（詩四八・一四）という告白に則って、私たちはパウロと共に「もし神が私たちの側にあれば、誰が私たちに反対できるでしょう」（ロマ八・三一）と言うことができるのです。このような告白は、今日の無難な相対主義的視点からは高慢な考えに映るかもしれませんが、私たちはこのような告白を可能とする神の個人的な愛から目を離すことはできません。

実際に、このような告白に対する抵抗は、この告白を可能としたイエスを主として信頼することへ躊躇する気持ちの現れでもあります。パウロは、多くの「主」と呼ばれる者たちがしのぎを削って他の「主」を排除しようとする世界を生きていましたが、私たちも同じような世界に今生きているのです。

五章一二―一七節　鳥瞰図――アダムとメシア

[12]したがって、ちょうど罪が一人の人をとおして世界に入り、その罪をとおして死が入ったように、皆が罪を犯したので死が全人類に広がりました。[13]罪は律法以前にこの世にありました。もっとも、律法がないとき、罪は罪として認められませんでしたが。[14]しかし死は、アダムからモーセのあいだ、アダムのような掟破りによって罪を犯したわけでない人をも支配しました。このアダムは来たるべき方の印影でした。

[15]しかし、神の恵みはアダムの違反とは比較になりません。多くの人が一人の人の違反によって死にました。しかし神の恵みが、一人の方――メシアであるイエス――をとおして、今や多くの人のうちに満ちるのです。[16]また、神の賜物は一人の人の罪の結果と比べようもありません。一つの違反は否定的な判決をもたらしました。しかし、多くの違反に続く無償の賜物は、肯定的な判決をもたらすのです。[17]なぜなら、もし一人の人の違反によって死が支配したなら、豊かな

恵みと「正しい」という宣言を受け取る者が、メシアである一人の人イエスをとおして、命において支配することはなおさらだからです。

彫刻家は自分の作品に満足顔でした。それは出来の良い影像で、町の中心にある広場に相応しいものでした。この影像の人物は小さな港町で生涯を過ごし、海上保安の仕事を組織したことで知られていました。冬の嵐で難破した船から自らの命を危険に晒して乗客と乗務員を救出した功績がたたえられ、町はこの彫刻家に彼の影像を作成するように依頼したのです。

しかしすぐに問題が発生しました。翌年の夏、若い不良の一味が町にやって来て、やりたい放題に暴れ回りました。窓を割り、通行人に口汚い言葉を投げかけます。そしてあの彫刻を見つけた彼らは、赤いペンキをぶちまけ、石を投げ、挙げ句の果てに、よってたかって跳び蹴りをくわせます。とうとう影像は台座から外れ、アスファルトの上に落下して粉々に砕けてしまいます。若者たちは大声で笑いながらその場から逃げ去りました。

町議会はこの狼藉《ろうぜき》を憤り、彫刻家を呼んで元通り復元するよう頼みます。しかし彫刻家には考えがありました。もちろん復元はしますが、より強固な素材を使うことを提案します。新たな影像は以前より立派なものです。彫刻家はたんに元通りの状態に戻すのでなく、この復元作業をより素晴らしい創作の機会にしたのです。

もちろんこの話に、もっと劇的な結末があればよかったでしょう。例えばあの若者たちが海で溺れそうになったところを影像の男性が創設した海上保安組織が救出し、彼らがやっと心から悔い改める、とか。しかし、この難解なペリコペの主題を理解するためには、すでに十分な物語の結末に達したのだと思います。

重要な点は、メシアであるイエスという一人の人のうちに、人類を罪の到来以前の状態へとたんに引き戻すよりもはるかに優った取り扱いを神がなした、ということです。影像は修復されたのですが、以前の影像よりもはるかに良いものへと変えられました。たんに「彼らが叩き壊したものを、神が再び建て上げる」とか、「彼らの行動は邪悪だったが、神の取り扱いは恵み深い」といったレベルではありません。神の取り扱いは、先行するすべての行いをはるかに超えて素晴らしいのです。これが一五、一六、一七節でパウロが強調するところです。

アブラハムとの契約は、人類の原初の罪を打ち消すことでした。それは究極の偶像崇拝であり、人類の純粋性を崩壊して腐敗させ、死をもたらしました。パウロは、神がメシアであるイエスをとおして、アブラハムへの約束の完成を告げましたが、ローマ書五章一―一一節はこの先にどのような未来があるかを予告します。パウロは本ペリコペでより大きな絵図を披露したのち、神の新たな民に関する教えを六章と八章で展開しようとしています。

しかしこの「絵図」は素描のようなものです。このペリコペでは他所以上に、パウロ自身の表現が彼の頭の回転に追いつかずに、分かりやすい言い方をしようと思えば五文字必要なところを、一文字だけで済ませてしまったように見受けられます。前のめりに急ぎ足で筆を進めて、何とか素描を描き上げていますが、その内容は以下のとおりです。

パウロは一二節で均整のとれた絵を描こうとしたようです。すなわち、一人の人アダムによって世界に罪が入り、一人の人イエスによって神はその罪を取り扱った、と。しかしその途中で、パウロは二つの異なる点に言及しなければならないと考えたようです。その一つが一三—一四節で、もう一つが一五—一七節で述べられています。

一三—一四節は、ともすると誤解されがちな謎を解き明かします。アダムとモーセとのあいだには長い時間の隔たりがあります。アダムには命令が直接与えられていましたが、彼はそれを破りました。神はイスラエルの民に対してモーセをとおして規則を与えましたが、彼らはそれを破りました。この二人の人物を隔てた時代には、人々の行動を規制する律法が与えられていません。それでも人々は罪を犯し続け死にました。罪が支配する世の中におけるモーセ律法の果たすべき役割は非常に重要な問題だったので（ロマ七章参照）、彼はまず最初にこの点を明らかにして誤解が生じないように気を配っているようです。

既述のとおりパウロは、人類を正しい道へ戻すことが、アダムの罪とその結果として生じた状態をたんに元通りにするというよりも、ずっと優れた事業であることを一五—一七節で強調しています。「違反」と「賜物」とは、対極にありながら同レベルではありません。死は純粋に破壊的です。神の賜物である命は、たんに死と比べられはしません。死と命とは、対極にありながら同レベルでないからです。「否定的な判決」が最初の違反の結果としてもたらされました。人類が完全な破滅状態にあるところに神は介入し、人類を最初の状態よりもはるかに優る状態へと移行させようとしたのです。

一七節はこの過去と未来の対比をより鮮明にします。罪の結果は「死の支配」です。究極的な腐敗と消滅を意味する死は、この世界とその中にあるすべてを支配します。ここで私たちは、この状態に対する解決が「命において治める」こと、つまり命による支配であると考えがちです。しかしパウロはそこからさらに進んで、この新たな支配とは「正しい」という立場が契約の民に与えられるという神の賜物であると教えます。パウロは、例えばヨハネ黙示録二〇章四、六節、二二章五節に見られるようなキリスト者の支配という表現をほとんど用いませんが、このペリコペではっきりと述べています。「神の王国」、すなわちこの世に対する神の救済的支配が、復活した主イエスをとおして現実のものであることを教えます。この将来における支配は、完全に贖われた人類をとおしてなされます。贖われた人類とはつまり、「正しい」という立場を神の賜物としていただいている契約の民なのです。

パウロはここで、本ペリコペの開始部で述べた対比に戻ります。かつて一人の人をとおしてであったように、今も一人の人をとおして、です。ここで次のペリコペへと移る前に、神の恵みの驚くべき寛容さにしばし心を向けるべきでしょう。一五—一七節を読み返し、「賜物」という語がそこで頻用されていることに注目しましょう。神の寛容さが他の何ものとも比較にならないほど大きいことを実感できるでしょうか。

五章一八—二一節　恵みの支配

18 したがって、一人の人の違反の結果がすべての人の裁きだったように、一人の人の正しい行いの結果はすべての人の義と命です。19 なぜなら、ちょうど一人の人の不従順をとおして多くの人が「罪人」という立場を受け取ったように、一人の人の従順をとおして多くの人が「正しい」という立場を受けるからです。
[20]律法が来ると、違反は極みに達しました。しかし罪が増したところでは、恵みはいっそう増し加わりました。[21]それは、ちょうど罪が死において支配したように、恵みが契約に対する誠実さをとおして支配し、それはメシアである主イエスをとおして、私たちが来たるべき世の命に至るためです。

神はかつて裁いたが、神は今救う。これが本ペリコペの主題であり、それはローマ書のここまでのまとめでもあります。本ペリコペには「神」という語が出てきませんが、パウロはこの救いの計画において神を強く意識しています。一八―一九節においてイエスの行いの結果が語られるとき、また二〇―二一節において「恵み」が語られるとき、パウロは神の救済計画が今始まっていることを示唆しています。巧みな語り部のように、パウロは主人公の姿を隠しつつ、聴き手である私たちが、この救済を誰が計画するか、「恵み」という名を持つのは誰か、を想像させるのです。

あの倒されて修復された彫像の代わりに、今度は二つの彫像を思い描いてみましょう。これらの彫像は町の中央広場で向かい合って立っています。一方は悲しげであり、厳《いか》めしい顔つきです。これは、遊蕩と愚かさを繰り返す人生をとおしてもたらされた、紛《まが》いもない堕落のしるしを露わにしたデスマスクです。もう一方は命が躍動し、今にも台座から跳ね上がって宙返りでもしそうなほどです。このペリコペに対比されている二つの人類は、ちょうどこの二つの彫像のようです。パウロはこの後ローマ書においてこれら二つの種類の人類について詳しく述べます。

第一の種類とはアダムにつながる人類です。この人類は「一人の人」アダムを映し出しています。アダムは神の命令を破ることによって、この世に罪と死をもたらしました。パウロはここで前提となっている創世記三章の物語を詳細に述べません。それでも、すべてが美しく良かった世界に人の反抗が破壊をもたらしたという理解を、初期のキリスト者とすべてのユダヤ人は共有していました。罪の状態にある人類の姿は悲惨です。罪は裁きをもたらしますが（一八節）、その様子は二章一―一六節で語られました。罪の状態において生きる者は「罪人」という立場を受け取っています（一九節）。彼らはときどき悪いことをする人というのでなく、むしろ基本的に欠陥があり、それが具体的な罪行為に表れているのです。

一方で、新たな人類は**メシア**である一人の人イエスの「正しい行為」をとおして世界に出現しました。ここで「正しい」と訳したギリシア語は、これまでのパウロの議論において重要であった「義」あるいは「**契約**における誠実さ」などの表現と共鳴します。イエスは、神による契約に対する誠実さと、イスラエルの民が示しえなかった誠実さ（ロマ三・二二）の両方を体現するのです。ここでパウロは、三章二二節で述べたメシアの誠実さを要約しています。メシアの「正しさ」（一八節）と「従順」（一九節。フィリ二・八参照）という語は、イエスの死を神の救済計画における頂点に据えるパウロの思想を表現します。神がイスラエルと契約を結んだとき、イスラエルこそが世に蔓延《はびこ》る悪に対処する手段のはずでしたが、今イスラエルの王であるメシアのうちにその目的が果たされたのです。

その結果として新たにされた人類は、「正しい」と宣言されています。この立場は今すでに与えられており、それは将来における「命」を保証します。これが一八節における「義と命」、そして一九節における「正しい」立場の意味するところです。これらの節は、アダムの罪とイエスの救済的行いの両方が普遍的であることを教えています。先行する章でパウロが繰り返し強調したように、これらは人類の一部分に適用されることではなく、ユダヤ人と異邦人に対して同様に適用されることです。

二〇節は新たな概念を導入します。第一の人類（アダム的人類）に関しては、「律法が来る」と述べられています。パウロはなぜここでユダヤ律法を持ち出したのでしょう。改宗前のパウロをも含む多くのユダヤ人は、この律法授与を新たな人類の始まりと考えました。イスラエルは、それ以外の諸民族とは異なる者として呼び出された。神はわれわれに律法を与え、世から分けたのだ、と。後述するように、これはある意味において今でも真理でありえます。パウロの律法理解を把握することは、一筋縄ではいきません。

パウロが強調している点は、トーラーがイスラエルに到来したとき、それは新たな人類の開始どころか、かえって古の人類の問題点をたんに強調しただけだ、ということです。「律法が来ると、違反は極みに達した」（二〇節）。パウロはこの点を、ローマ書七章で多くのスペースを割いて説明しますが、ここでは五章一三―一四節をも念頭に置いてまとめてみましょう。悪行という意味での罪自体は小さなスライド写真のようなもので、それだけでは目立たないのですが、律法は性能の良いプロジェクターのようなもので、背後から強い光をあててスライド写真をスクリーンいっぱいに映し出します。律法は罪へと人の意識を向けさせますが、それ自体が罪を抑止することにはなりません。パウロは、「罪が増したところでは、恵みはいっそう増し加わります」と続けます。これは、律法などどうでも良いということを意味しません。むしろこれは、律法の新たな理解です。これに関してパウロは、八章一―一一節と一〇章五―九節で詳述します。

二一節は二つの種類の支配を明確に対比します。「罪が死において支配した」。ここで「罪」というのは、この世を支配する力を示す抽象的な概念です。それはちょうど暴君が領土を力ずくで治めるように、この世を支配します。しかしこの節の後半では、まったく異なる人類から、新たな力とエネルギーが湧き起こります。罪の支配の代わりに恵みが支配し、新たな可能性に満ちた命が湧き出ます。恵みの支配はその目的を目指して進んでいますが、その行き先は来たるべき世の命です。神がすべてを正しくする新たな創造の時代です（八・一八―二五）。

一般には「永遠の命」と訳されるところを、私は「来たるべき世の命」と訳しました。なぜなら前者は、「天国」という空間と時間と物質とを超越した場という誤った印象を読者に与えやすいからです。パウロにそのようなつもりはありません。パウロが意味するのは、肉体をもった神の民の復活であり、その命は、神がこの世界を腐敗と崩壊から解放する結果として実現する新天新地を生きる命です。

恵みの支配に関する最後の文言、つまり第二の人類についての文言において、パウロはこの驚くべき新たな命がいかにもたらされたかを教えます。まずそれは、「契約に対する誠実さをとおして」もたらされます。これも翻訳が困難な表現ですが、先行する章を振り返るならば、パウロの言わんとするところは明らかです。この世を正しくすることが目的の契約に対して神が誠実であるために、人類の新たなあり方が示されたのです。新たな命はまた、「メシアである私たちの主イエスをとおして」

もたらされました。他所（五・一一、六・一一、二三、七・二五、八・一一、三九）でも明らかなように、ここでもパウロは、イエスにおける神の業がすべての原動力となっていることを教えています。イエスの死のうちに、神の愛が行動を起こします（五・八）。この死によって罪と死が退けられて、恵みと命がもたらされます。

六章一―五節　洗礼による死からの離脱

[1]それでは何と言いましょうか。恵みが増し加わるように、罪の状態を続けましょうか。[2]決し
てそうであってはなりません。私たちは罪に対して死んだのです。どうしてその中で生き続ける
ことができるでしょう。[3]メシアであるイエスに通ずる洗礼を授けられた者は、彼の死に通ずる
洗礼を受けたということを知らないのですか。[4]つまり私たちは、洗礼をとおしてその死に至り、
彼と共に葬られたのです。それは、神の栄光をとおしてメシアが死から甦らされたと同じように、
私たちが新たな質の命によって生きるためです。[5]なぜなら、もし私たちが彼の死と同じ姿にな
ったのなら、彼の復活とも同じ姿になるからです。

イエスが語った放蕩息子の話は有名です（ルカ一五・一一―三二）。次男が父親に迫って財産を受け取り、町から離れてそれを散財し、無一文になり、大いに恥じて帰還します。ところが驚いたことに、

父親は通りにたたずむ息子に駆け寄って歓迎し、息子のために盛大な祝宴を開きます。息子は、自分にその資格がないと考えましたが、そして長男もそのように考えていましたが、父は彼を子として迎え入れます。

少し後日談を考えてみましょう。この帰還した次男の心の中には何があるでしょう。それから二―三年経って、日常の生活が続きます。長男は帰還した次男をどうやら受け入れてくれたようですし、父親は年老いました。次男はあの時のこと、道ばたでたたずむ自分に父親が駆け寄ってきたときのことを思い出しては、ため息交じりに懐かしくほほえみます。そしてふっと考えます。もしまた同じことをしたら……。身の回りのものを持って何週間か家を空けて、後悔した振りをしてまた帰ってくる。また歓迎の祝宴を開いてくれるだろうか。

ばかばかしい考えでしょうか。しかし多くの人々がこのような考えにとらわれています。「神は私を赦す、それが神の仕事だ」と、ある著名な哲学者が二〇〇年ほど前に言いました。そして多くの人たちが、教会は赦しのメッセージのみを伝えるべきだと考えます。つい先日、あるラジオ番組に出演していたとき、次のように尋ねられました、「寛容を旨とする教会にとって、道徳律を提示することは非常に困難ではありませんか」と。われわれはすべてを受け入れ、人々をあるがままで認める。そうすることによって、右に見たパウロの言葉のように、「罪が増し加わるところでは、恵みはいっそう増し加わる」のだ。罪を犯す人に対してわれわれが用意している言葉は、「大丈夫だ、神は愛しておられる」のみだ、ということでしょうか。

パウロはこのような姿勢に何度も遭遇したのかもしれません。パウロに面と向かって、神の愛が罪人である私たちに届くのだから、私たちは罪人のままでいよう、などと直接言う人がいたでしょうか。神の恵みに関するパウロの理解に反対して、「そんなことを言ったら、皆好き勝手なことをしてしまうじゃないか」と言う人がいたでしょうか。私たちには、それを知る術がありません。ローマ書三章八節と本ペリコペは、それに類似する仕方でパウロを批判する人がいたように思わせます。

ローマ書六章の少なくとも一つの目的は、この点に対して応答することです。しかしそれは、本題からそれた余談ではありません。むしろこれは、ちょうど格闘家が相手の力を利用して相手を投げ飛ばすのと似ています。パウロは反対議論を用いて自分の主張を強化しているのです。

イエスの物語よりずっと前にさかのぼり、出エジプト記について考えてみましょう。出エジプト記はイスラエルの民がいかにしてエジプトで隷属状態に陥ったかを記しています。神は彼らの泣き叫ぶ声を聞き、モーセを遣わして奴隷と抑圧の状態から彼らを解放し、約束の地へと導きました。彼らは紅海をとおって束縛の地を離れ、新たな自由を見つけます。シナイ山では律法が与えられます。彼らは荒れ野を想像以上に長い期間さまよい歩くと、神に対して疑念を抱くようになります。それでも神はその臨在を示す雲と火との柱によって彼らを導き続けます。そして最後に、相続するようにと約束された地に入ります。

じつにパウロは、ローマ書六―八章でこの出エジプト物語を語り直しているのです。ローマ書六章は、キリスト者が（紅海のような）水の洗礼をとおって奴隷の地をあとにし、（約束の地のような）新たな自由へと入ったことを伝えます。ローマ書七章は、シナイ山での事件とその影響を意識しつつ、律法の成就に関する新たな道を述べます。ローマ書八章は、キリスト者の生き方を、相続の地へと神に導かれる民と重ね――それは全被造物の贖いを意味しますが――、パウロはイスラエルが陥った疑念にとらわれないようキリスト者を忠告します。そしてパウロは、「あなたたちは奴隷の状態に帰りたいのか」（八・一五）と問うのです。

パウロはなぜこのように議論を展開させるのでしょう。それには三つの理由があるようです。第一に、神がイエスのうちに完成させたのはアブラハムへの約束だった、という認識をパウロが持っていたからです。パウロはローマ書四章で創世記一五章の内容を説明しました。すなわち神がアブラハムと結んだ約束は、イスラエルをしばらくの隷属状態のあとエジプトから連れ出して約束の地に連れ帰るということでした。したがってローマ書六―八章は、この約束がいかに成就したかを教えているのです。これが契約の究極的な完成です。これが、世界を正しくするという神の意図の遂行です。

第二に、イスラエルを抑圧から解放するという神の新たな介入を、パウロの時代のユダヤ人たちが「新たな出エジプト」という表現で捉えていたからです。パウロもこの期待を共有していました。しかしそれは、たんなる政治的なローマ帝国支配からの解放ではなく、究極の解放、つまり死と腐敗から全被造物が自由にされるという究極的な解放です。

第三に、神がメシアであるイエスをとおしてなしたことはイスラエルが希望したことの成就だという点を、パウロが強く意識していたからです。イスラエルとその希望は、古い計画として過去へ置き去りにされたわけではありません。それどころか、イエスをとおして神がなした救済、霊をとおして完成させる救いの業は、古の計画が最終的に目指したところだったのです。したがってパウロは、少なくともローマ書三章あたりから意識していた問題について、九章になるともっとも明らかなかたちで応答し始めます。その問題とは、「今あるイスラエル民族の意義は何か」ということです。

さて、六章一節における質問に対するパウロの答えは何でしょう。神が私たちをあるがままに受け入れたのなら、あるがままでいれば良いではないか、という考えに対して、パウロはどのように反論するのでしょう。

パウロは教えます。キリスト者になることは一つの人類のあり方から、他のあり方へと移行することであり、もはや初めのあり方へと逆戻りすることを考えるべきではない、と。パウロはこれを、メシアと共に死に、新たな命を得る（復活する）、と表現します。ここにパウロの中心的な確信の一つが、ローマ書で初めて明言されます。すなわち、メシアがその民を代表するので、メシアについてあてはまることは民についてもあてはまるのです。それゆえパウロは、民が「メシアに通ずる」、また民が「メシアと共に」いる、という表現を用います。これらはたんなる思いつきの表現ではありません。このような文言において、「メシア」を「イエス」に置き換えることはできないのです。もちろんパウロは、イエスこそがメシアであるという強い確信を持っていました。しかしここでの議論には、彼こそが、たんに個人としてのナザレ人イエスでなく、民を代表し導くために「油を注がれた」メシアであるという前提があります。

より具体的には、キリスト者としての始まりを示す身体的な洗礼という行為は、キリスト者をメシアと共に死んで甦らせることの象徴です。パウロが洗礼について語る場合、それはしばしば、洗礼者ヨハネの洗礼が指し示す出エジプトの出来事、ヨハネがイエスに授けた洗礼、そしてより具体的にはイエス自身がその死を指して述べた洗礼（マコ一〇・三八）を念頭に置いています。キリスト者として洗礼を受けるとき、私たちはメシアと共に死んで、メシアと共に新たな命へと入るのです。

これは何よりもまず立場の移行を意味します。私たちはもはや「罪の中」におらず、恵みと遭遇したのです（五・八、二〇）。それは私たちをあるがままの状態で放置するためでなく、私たちを救出して異なるところへと導くためです。パウロは鉢の植え替えをメタファとして用います。以前と異なるプランターに移されたのなら、私たちはそこにある新たな土壌に根を張り、その場で成長すべきです。イエスと共に死ぬとは、古い土壌から取り出されたことであり、それは私たちがイエスと共に甦り、**復活**という新たな土壌に根を張ってその命を生き抜くことなのです。

立場の移行に見合った生き方をする、それは今始まった自分の立場を認識し、自らの実際の生き方をその立場に相応しいものとするステップを一歩ずつ踏み出すことです。例えば、結婚したからといって何かが変わったと感じないこともあるでしょうが、確かに立場の移行は起こったのですから、そのことを認めるところから始めなければなりません。約束が結ばれました。約束を違えることもときとしてあるかもしれませんが、約束を反故にすることはできません。

洗礼を受けたあと、それに伴う新たな責任を避けることもあるでしょう。新たな立場など持たないと言い張ることもできるでしょう。パウロは第一コリント書一〇章で、そのような問題を対処します。そうだとしても、洗礼をなかったことにはできません。エジプトに引き返そうなどとは思わないことです。私たちが今どのような立場にあるかをよく吟味して、約束の地へと足を向けるべきではないでしょうか。

これが、次のペリコペでパウロが述べるところです。その前に、一つ考えてみてください。もしあなたが洗礼を受けているなら、それにはどのような意味があるでしょう。その重要性をもう少し考えてみる必要があるのではないでしょうか。もしあなたが洗礼を受けていないなら、その時が来ているのかもしれません。

六章六―一一節　罪に対する死と神に対する生

6私たちはこのことを知っています。私たちの古い人間性はメシアと共に十字架につけられ、それによって罪との連帯が破壊されました。したがって私たちはもはや罪に対して隷属していません。7なぜなら、人が死ねば罪に関わるすべての罰から自由になると宣言されるからです。8私たちがメシアと共に死ぬならば、この方と共に生きるのです。9死者のあいだから復活されたメシアが二度と死なないことを私たちは知っています。死はもはやこの方に対して権威を振るいません。10なぜなら、彼の死はただ一度だけの罪に対する死であり、彼が生きる命は神に対する命なのです。11同じように、あなたがたも自分が罪に対して死んだ者であり、メシアであるイエスにおいて神に対して生きていると認識しなければなりません。

事故で重傷を負ったり、特定の病気のために、自分が誰なのかが分からなくなる人について耳にすることがあります。これは当人にとっても、介護する周りの人たちにとってもつらいことでしょう。

私たちが普段接する人は、自分の名前、住所、仕事等を知っているのが普通で、それが分からない人に遭遇すると、私たちは戸惑ってしまいます。もっと深刻な場合を考えてみましょう。非常に稀ではありますが、何らかの理由で親からはぐれた乳幼児が、その後動物によって育てられ、何年も経って発見される場合があります。そのような子は、人間がどんな者かを知らず、ましてや自分自身が人間であることを認識していません。

このような状況にある人に遭遇したら、何とかしてあげたいと思うのが人情でしょう。この場合、そのような人に自分が本当は誰であるかを分からせて、真のアイデンティティを基盤とした人生を歩むようお手伝いする必要があります。記憶障がいを持つ人ならば、少しずつもとの生活を取り戻すことができるでしょう。ジャングルで育った子どもの場合は、言語能力などの、これまで想像だにしなかった本来の能力を発見することになるのです。本ペリコペでパウロが意図していることは、これと同様のことです。洗礼を受けたキリスト者が持っている本来の新たな立場に本人が気付いていないなら、それを気づかせることが肝要です。

パウロがここで試みていることは、このような人々を五章で示された正しい所属へと導くことです。そこには二つの種類の人類がいました。片方はアダムに属し、もう片方は**メシア**に属しています。私たちは皆「アダムに属する」命を始めました。そして自分に正直な人は、今でもなおアダムに属しているようにしばしば感じることでしょう。しかしパウロは、私たちがもはやそこに属していないと宣言します。キリスト者が、彼らの中に今でも働く「古いアダム」あるいは「古い人」のために罪を犯してしまったと言う場合、これはパウロが本ペリコペで述べることと真っ向から矛盾します。なぜならパウロは、古い人間性がイエスと共に十字架につけられた、と記すからです。アダムに属する生き方は罪のネットワークによって縛られており、それはちょうどイスラエルの民がファラオの奴隷になっているのと同じような状態です。しかし十字架につけられた私たちは、もはやそのような隷属状態にはいないのです。七節でパウロが述べるように、罪はもはやあなたに対して所有権を主張できません。あなたはすべての処罰の訴えから解放されたのです。

すると私たちは、今どのような状態でしょう。アダムとメシアとのあいだで、どこにも所属しない状態で、死んでもおらず生きてもいないのでしょうか。そうではありません。パウロは、私たちが「メシアのうちにある」ことを強調します。それは、私たちがどのように感じようと、メシアにあてはまることは私たちにもあてはまることを意味します。メシアは死によって支配されない、復活の新たな命を生きています。この方は、ヤイロの娘やラザロのように、生前と同じ命に引き戻されたのではありません。むしろ死をとおり越して、その先にある新たな身体を伴う命へと進みました。体を伴う死後の命、それは現代を生きる私たちに把握しがたい概念ですが、初期のキリスト者には明らかな確信でした。パウロが言わんとすることは、こういうことです。もし私たちが「メシアのうちにある」ならば、メシアのいるその場に、私たちもいます。

もちろん私たちは、いまだ身体を伴った復活を遂げたわけではありません。それはローマ書八章一一節と第一コリント書一五章全体が述べるとおり、将来に確約されたことです。しかし、キリスト者であることの意義は、この将来が、イエス自身とそのなした業のゆえに現在にまで及んでおり、それゆえにキリスト者は今を生きつつも未来のあり方をすでに体験することができるということです。この意味において、キリスト者は復活という現実を生きているのです。私たちは「アダムのうちにいる」のではなく、死を越えて今を永遠に生きる「メシアのうちにいる」のです。

パウロは、私たちがこの点を「認識する」（一一節）必要があると述べます。この点は著しく誤解されがちです。私たちはしばしば、これを何かの信仰的な達観のように理解します。それは、誘惑や罪が及ばない聖い場所へと一足飛びに移動するような妄想です。パウロはこのようなことを提案しているのではありません。

パウロがここで用いている語は、損益を勘定する会計用語です。何かの計算をすると、それ以前には気づかなかった答えを導き出すことになります。すなわち計算によって、それまでも真実であったことを明るみに出すのです。これは新たな真理を創出することではありません。計算をする前は、今日どれほど稼いだかを知りませんが、計算をしたからといって、今日の稼ぎが増えたり減ったりするわけではありません。

パウロはこの計算をするように、つまり現実を認めるように勧めているのであって、信仰によって完全な聖さに至るような、ありえない状況を想像するよう促しているのではありません。信仰とは、現実から目を背けて不可能を無理やり信じ込もうとすることでなく、イエスの真実に向き合ってその代理の死と復活の意義をかみしめることです。こうして私たちは、「メシアのうちにいる」キリスト者として、洗礼を受けた者としての立場を認識するのです。これが一一節の勧めです。私たちが誰であるかを思い起こし、その認識に従って生きるのです。

この議論はある譬えを思い出させます。あなたが家を借りて住み始めたとしましょう。住み始めるとすぐ、大家がたいそう強引であくどいことが発覚します。必要以上の経費を要求し、家に勝手に上がり込み、要求を満たさないようなら法に訴えるか暴力に訴えるかどちらかだと脅します。あなたは恐怖心から言いなりになってしまい、逃げ場がありません。

幸いなことに、あなたは他のアパートを見つけます。あなたが払うべきと要求された費用を立て替えてくれる人も現れました。そうして新生活が始まります。しかし突然、以前の大家が戸口に現れ、言いがかりをつけ、裁判沙汰にするぞとお金を要求します。あなたは以前の恐怖に縛られて、お金だけ払えば解放されるかも、と考え始めます。しかしその男はもはやあなたの大家ではありません。契約関係は終了しており、すべて必要な経費は払い込まれており、何の貸し借りも残っていません。あなたは恐る恐る、その男に立ち去るよう求めます。

パウロは一一節でこれと同じことを言っています。最後に交わした契約書を見なさい、とパウロは言います。あなたがどのような立場にあるか、自分で確認するように、と。「今でもアダムに属している」という声に屈することなく、あたかもその声に支配されているかのような錯覚を取り払いましょう。何が真実であるかを確認して、その確信の上に行動すべきです。

六章一二―一四節　聖い生き方への招き

12 ですから、あなたがたの朽ちるべき体を罪が支配して、あなたがたが体の欲望に従わないよう注意しなさい。[13]そして、あなたがたの体の各部分を罪がその邪悪な目的のために用いることをせず、むしろあなたがた自身――死から甦ったあなたがたの体の各部分――を神に献げ、神の契約における正しい目的のために用いなさい。[14]あなたがたは罪のもとにはおらず恵みのもとにいるのですから、罪があなたがたを支配することはありません。

前ペリコペは、悪徳大家から解放された住人の話で閉じました。今回は、同じ主題をもう少し発展させてみましょう。私がとある山村に暮らす小作農夫だとしましょう、しかも一〇〇〇年ほど前の。私の農地は二つの大きな荘園に挟まれています。そして私の住む家が建っている土地は、その片方の荘園所有者のもので、その所有者が私に何かと指図をしてきます。特にこの領主が領地争いを仕掛けるときには、必ず私を自分の側につくよう私に圧力をかけます。もし言うことを聞かなければ、私の家を焼き払うだとか、さまざまな脅しで私を支配しようとします。一度は、私の農具をすべて差し出し、鋤や鎌の金属部分を溶かして剣や盾を作るよう命じました。そうして争いの場に担ぎ出されたのですが、争いが長引けば、耕さなければならない農地がほったらかしになって、荒れ放題です。

何年か経って、私は川向こうの荘園で世話になることになりました。幸い以前の領主は遠出していたので、私を引き留めることができませんでした。対岸の荘園を所有する領主は賢く物分かりのある人で、私と家族を快く迎え入れ、借地料も以前より各段と安くなりました。以前の領主がそれを知ると、ことあるごとに家来をよこし、いろいろな仕方で私を脅迫しようとします。しかし、彼が私の新しい領主を内心では恐れているということを、私は察していました。この新しい領主も私に仕事を言いつけますが、それでも以前とは違って、争いごとに巻き込まれるようなことはありません。領主は自分の土地に、貧しい人たちのための私塾や診療所を建設していたのですが、私はその手伝いに借り出されます。また誰かが怪我をしただとか、家に不幸があっただとか、家畜が病気だとかいうときも、領主は私に手を貸してほしいと言ってきます。場合によっては相当の時間を取られることもありますが、それでもこの領主のためにできることなら喜んでするのです。

もちろん中世の小作農夫の生活はこんな平和で牧歌的なものでなく、大変な苦労が多かったことでしょうが、本ペリコペの内容理解を促すには十分でしょう。キリスト者となって、神の意図する新たな人間性を生きるということは、主人が変わったことと深く関わっているのです。

多くの人たちが、キリストの福音をたんなる新たな宗教心と捉え、生活のすべての面で新しい価値観によって生きることが期待されているとは考えません。しかし、「何でもあり」「どちらでもよい」ということはないのです。ボブ・ディランが（キリスト信仰を表明していたときのことでしょうが）以下のように歌っていました。「みんな誰かに仕えてる、それが悪魔だろうが、主だろうが、みんな誰かに仕えてる」。パウロはこの段階で「悪魔」を持ち出しはしませんが、彼が「罪」という語を用いるとき、それは何らかの超常的な力であって、私たちが犯す諸々の悪事以上のことを意味しています。

この力が暴君的にふるまう領主のようであって、恐怖で私たちを支配しようとします。お前の腹を満たせ、お前の性的欲望を満たせ、お前の支配欲を満たせ、と。それはパウロの時代でも今日でも同様です。そしてこの声に聞き従わなければ脅しをかけます。お前の人生はそんな程度か、人の上に立って人をあごで使え、さもなければ嘲笑されて利用されるだけだぞ、と。新たな価値観に促されたとき、「(以前のものを)手放すことはできません」という反応を示すことがあるかもしれません。それが注意深い現実的な考察に裏打ちされている場合もあるでしょう。が、古い領主の脅しに縛られている場合が多々あるのではないでしょうか。

おそらくこの短いペリコペにおいて、もっとも重要な語は「ですから」でしょう。これは直前のペリコペと本ペリコペとを結ぶ接続詞です。直前のペリコペで、パウロは読者であるキリスト者が今どこに属しているかを認識するよう促しました。彼らはすでに川向こうからこちらへ渡ってしまっており、古い領地に属していません。彼らは古い領主に聞き従う義務がないだけでなく、古い領主ではない新たな領主に聞き従う義務が生じました。この葛藤において彼らが与えられている手段は、**洗礼**と**信仰**をとおして彼らがどのような立場を得たかを思い出すことです。マルティン・ルターが内外からの試練によって窮しているとき、「バプティザトゥス・スム(私は洗礼を受けてしまっている)」と叫びました。これが新たな立場を認識するための究極の根拠なのです。

パウロはここで、人間の各部分はいずれかの主人への奉仕のために用いられる道具であると説明します。この場合、私たちの手足、臓器、理性、記憶、想像力、感情、意志は、罪のためでなく神のために用いられるべきです。私たちは川のこちら側へ渡った者であり、すなわち死んで新たな命へと甦らされているのです。これが何を意味するか——第一コリント書がさらに詳しく述べていますが——から目を逸らすわけにはゆきません。神への奉仕のために私たち自身をすべて献げるならば、それが**復活**の命の始まりです。もちろん復活自体が起こったときには、パウロがローマ書八章一一節や他所で述べるように著しい変化が生じます。私たちの今の肉体は崩壊して死に至ります。しかし私たちが甦らされたとき、私たちの新たな主人のために行った現在の奉仕の業は、神がもたらす新たな世の一部となるのです。パウロは言います、死者のあいだから甦った者として神に自分自身を献げなさい、と。

一四節は、私たちが忘れがちな主題を思い起こさせます。罪があなたを支配しない理由の一つ、つまり古い領主があなたを縛り付けない理由の一つは、あなたがその領土を離れたときに律法が支配する領域を離れたということです。五章二〇―二一節を振り返りましょう。アダム的な人類とメシア的な人類があることが書かれてありました。律法はアダム的世界に属するものです。この点に関して、パウロはローマ書七章全体をとおして説明します。ただここでは、律法を守ることによって新たな領主に対する奉仕がうまくできると考える人に対して、パウロはそれを否定します。あなたは恵みの支配のもとにあり、律法の支配下にはいません。つまり、神の子の死と復活をとおして、私たちは神の直接的で慈悲深い支配のもとに入ったのです。

もちろん古い領主は、新たな領主こそがあなたに対して暴君のようにふるまい、あなたの人生を惨めで空疎なものにしようと企んでいる、という虚言を弄します。「『あれをするな、これをするな』がお前を惨めにする」と。このようなとき、私たちの仕える神が、イエスの生き方のうちに映された愛と寛容と恵みとに満ちた方であることを、もう一度思い出すことが必要です。

六章一五—一九節　二つの種類の隷属

[15]それではどうしたらよいでしょう。律法のもとではなく恵みのもとにいるというのなら、罪を犯し続けましょうか。決してそのようなことがあってはなりません。[16]もしあなたがた自身を誰かに対して忠実な奴隷として献げるならば、あなたがたはじつにその人の奴隷となります。それが罪の奴隷ならば死をもたらし、それが従順の奴隷ならば最後には報いがもたらされます。[17]あなたがたはかつて罪の奴隷でしたが、今はあなたがたが受け取った教えに対して心から従順であることを、神に感謝します。[18]あなたがたは罪から自由にされ、今は神の契約の目的のための奴隷となっています。[19]あなたがたの人間としての限界ゆえに、私は日常的な表現を用いています。あなたがたがかつて自分の手足と各器官とを不浄とあらゆる不法の奴隷として献げたように、今は聖さへと通ずる契約の正義へとそれらを奴隷として献げなさい。

ある新聞社のコラムニストが、二つの目的をいっぺんに達成する賢い方法を考えました。他の西洋諸国でもそうであるように、英国社会も若者の犯罪率上昇という問題に頭を悩ませています。多くの若者が職を持たず、人生に目的が持てないままでいます。彼らには活力がありますが、それを彼らがテレビで見て憧れるような仕方で用いる機会を見出せません。その結果として彼らは犯罪に走るのですが、そこで破壊的な方向へとその能力と活力を用います。私たちはこの問題に対してどのように対処してよいか、考えあぐねているのです。彼らに「不法者」というレッテルを貼って隔離しても、解決になるようには思えません。

これと時を同じくして、英国人は自国のクリケット・チームが期待どおりの成績を収めてくれないことを嘆いています。他のスポーツに関してはそれなりの成績をあげることがあっても、本書を執筆中の現在、かつて英国人に誇りと喜びをもたらしたクリケット・チームは、優勝から長いあいだ遠のいています。

コラムニストはこれを憂え、一つの答えを見出しました。これらの活力をもてあます危険な若者を集めて、ある種の収容所へ送り、その収容期間中はとにかく彼らにトレーニングを課す。彼らは強制的に身体的訓練を受け、各種スポーツに必要な技量を身に付ける。そうすれば近いうちに、新しい世代のクリケット・チームが世界を席巻することになる、というのです。コラムニストははっきりと言いませんでしたが、オーストラリアのクリケット・チームが英国の宿敵であることを考えるならば、この方法はある程度の説得性があると考えたのでしょうか。しばしばオーストラリア人たちが述べるように、流刑に処された犯罪者集団である彼らの祖先が、そののち英国に戻って、何人も偉大な指導者となってロンドンで活躍してきたのです。

冗談はさておき、この譬えの核心は以下のとおりです。現在犯罪へと注ぎ込まれている活力と想像力は、押し潰されるべきではなく、正しい方向へと向きを修正されるべきなのです。「あなたがたが自分の手足と各器官とを不浄とあらゆる不法の奴隷として献げたように、今は聖さへと通ずる契約の正義へとそれらを奴隷として献げなさい」（一九節）というわけです。あなたの人生においても、今では正しくないと分かっていることに多くのエネルギーを費やした経験がありませんか。それに見合うだけのエネルギーを、今神の王国のための働きに費やしているでしょうか。

本ペリコペでは、二つの種類の隷属状態が鮮明に対比されています。パウロはここで、罪の奴隷という立場から自由にされたキリスト者は思いつくままにふるまうことができる、という考えを否定しています。このような但し書きをパウロがする背景には、ユダヤ人やユダヤ人キリスト者たちの懸念があるのでしょう。すなわち、律法から自由になることは、すべての道徳的な規範を捨て去ることにならないか、という心配です。パウロはこのような意味で、律法からの解放を説いているのではありません。運転免許を取得する教習所の試験に合格して得る自由、公道で運転する自由は、自動車に乗って何をしてもよいという類の自由ではありません。その自由によって制限速度を守り、道路標識に従います。間違っても対向車線を逆走しませんし、他人の農地を走り回ったりしません。新たな自由には、新たな枠組みが伴います。

パウロはこの新たな枠組みについて、「奴隷制」という驚くべき表現を用います。自由とは道徳的な真空状態ではありません。この自由は、イエス自身の死という代価によって私たちのために獲得されたものです。自由人であるからこそ、そしてこの自由を維持するために、私たちはイエスに対して忠義を尽くすのです。ここで対比される二つの奴隷制は同様ではありませんが、それでも主人に対する忠誠という意味では共通しています。一九節前半における断りは、「奴隷」という表現が混乱をもたらしがちですが、それでもあえてこの表現を用いずにはいられないということでしょう。

パウロはここで二つの「奴隷（制）」を比較します。その際にパウロは、微妙に表現を変えます。一六節では、罪に対する従順と「従順」に対する従順とが対比されます。従順に対する従順とは奇異な表現ですが、「罪」との対比として、ここでは一時的に「従順」という語を持ち出してきています。これは神の契約に対する誠実さと同義語であり、それに対する従順とは、神への忠実さを意味します。パウロがこれまでも述べてきたとおり、罪に対する従順は死をもたらします。これに対して「従順」に対する従順は「報い」へとつながり、これは二章一―一六節にあるように、最後の審判において「正しい」という判決を受けることを意味します。

神学的には意味の確定が難しい「義」を、ここでは「『正しい』という判決」と表現しておきましょう。一八―一九節でパウロはもう一度この概念に戻りますが、そちらでは「契約の目的」あるいは「契約の正義」という表現を用いました。これらが意味するところもやや曖昧ですが、中心的な関心は創造主である神の良き目的です。それはこの世界を混沌から秩序へと引き戻し、人類を神との正しい関係性へと立ち返らせることです。したがって契約の目的とは、契約に入れられた者が持つ新たな命の目的を示しています。神がこの世界を正すために、新たに造り替えられた人類が神の国のための奉仕にあたることを想定しているのです。

この遠大な計画の中心において、新たな奴隷制がどのように機能するかが見えてきます。これは新たな命令が私たちの上にのしかかるというものではなく、私たちがそれらを何とか守ろうとすることでもありません。心の一新が起こったのです（一七節）。パウロは以前に、アダム的な人類の問題がとりわけ心の問題であることを述べました（一・二一、二四）。ローマ書のこの段階ではいまだ述べられていませんが、パウロはキリスト者を内側から一新された者と考えます。ここには、「あなたがたが受け取った教えに対して心から従順である」（一七節）ということが前提にあるのです。

初代教会のキリスト者は、福音（Iコリ一五・三―八）、聖餐（Iコリ一一・二三―二六）、生き方（Iテサ四・一と本ペリコペ）、そしておそらくその他いくつかの事柄に関して、基本的な伝統を建て上げたことでしょう。これらが「家族の決まり事」のようなかたちで、教会の信仰と行動の枠組みを形成していたことと思われます。牧会者としてのパウロは、改宗して教会の一部となる人たちが、これらの伝統に対して心から賛同し、教会という共同体において生きる様子をしばしば目にしたことでしょう。パウロはその点を神に感謝せずにはいられませんでした。

六章二〇―二三節　二つの道の行方

[20]罪の奴隷であったときのあなたがたは、契約の正義から自由でした。[21]あなたがたが今恥と
思うことから、どのような収穫を得たのでしょうか。その行き着く先は死です。[22]しかし今罪か
ら解放され神の奴隷となったあなたがたは、聖さという収穫を得ています。その行き着く先は来
たるべき時代における命です。[23]罪によって支払われる報酬は死です。しかし神の無償の賜物は、
メシアである私たちの主イエスの内にある、来たるべき世の命です。

外出をするとき大切なことは、どの道がどこに通じているかをよく承知していることです。あるとき私と家族は引っ越しをしたばかりの町でクリスマスのショッピングをしていたのですが、モールの駐車場から出るとすぐに車の渋滞にぶつかりました。家路を急ぐ気持ちから、まったく知らない横道に車を入れました。入り口には「私道」という大きな標識がありましたが、何となくわが家の方向に通じているように思ったのです。しかしその横道は、やはり袋小路になっていました。仕方なくその道からまた脇道に入ると、その脇道はぐるっと回って、私たちはもといた袋小路に戻ってきました。

常識で考えれば簡単に回避できそうな無謀な行為でも、ついついやってしまいがちです。キリスト教倫理の場合も同様です。キリスト者に関する規則というのは、良い結果が出るかどうかお構いなしに、ただ神が人に対して無理難題を押しつけるというものではありません。進むべき道に標識があるのは、どのように進むべきかを示すことが重要だからです。ある道は、袋小路に行き着くどころか、とんでもない災難に続いている場合もあります。ある道は命へとあなたを導き、それは豊かな生き方を体験できる道です。

このような言い方は容易に誤解されてしまいます。死と命という究極の選択を引き合いに出すと、それは飴と鞭の議論かと警戒されがちです。この議論によると、神はわれわれを愚かなろばのように扱い、鼻先にニンジンをぶら下げて何とか誘導するのです。「ほら、永遠の命があるぞ、進め、進め」、という具合に。そして驢馬がどうしても動かなくなると、すかさず鞭が飛び、「死にたいのか、動け、動け」と怒号が飛ぶのです。このように感じることがあるとすれば、それはキリスト者の歩みを誤った視点から見つめているからではないでしょうか。ローマ書一章で学んだように、私たちが誤った生き方をするならば、それはその生き方を選んだ自分を傷つけてしまうだけでなく、私たちの周囲にも好ましくない影響を与えます。神は気まぐれに規則を定めて、それが守られないならば罰があると宣言しているのではありません。規則から外れた生き方には、その先に何が待ち受けているか、初めからその兆しはあるのです。死臭が漂っているのです。明らかな標識を無視すれば、私たちは行き詰まってしまいます。しかしもし私たちが**福音**と初代キリスト者の教えに見られるあり方に注意を向けるならば、そこに命の兆しがあることが分かります。**来たるべき世**の命は、気まぐれな報酬ではありません。

ここで「来たるべき世の命」という表現について、しばらく考えてみましょう。これはローマ書五章の終わりの部分で一度登場しています。それはしばしば「永遠の命」と訳されますが、神の民が至る目的地を言い表すパウロの表現です。しかしこの語は誤解されがちです。多くの人が、「**天国**」という最終目的地を新約聖書のうちに読み込みます。雲にまたがって琴を弾いているような天国を絵空事と理解している人も、空間、時間、質量を超越した実体として天国を想定している場合が多いのです。しかしそれは、新約聖書の教える実体とは明らかに異なります。パウロはそのような最終地点を想定していません。後一世紀のユダヤ人であるパウロは、「**この時代**」と「**来たるべき時代**」という二つの時代を想定しています。そしてパウロのキリスト者としての神学は、この世界観を変更するどころか、むしろ深める方向に向かっています。この時代（ガラ一・四参照）とは、神の創造した世界を悪が支配している時代です。来たるべき時代では、神の支配が最終的に勝利します。メシアとしてのイエスは、この「来たるべき時代」を「この時代」へと前もって引き込んだのです。キリスト者は今のこの時代にあって、来たるべき時代を想定した生き方をするように求められているのです。パウロが究極的な未来をどのように考えているかを知りたければ、ローマ書八章一八―二五節を読んでみてください。身体から遊離して時間を超越した「天国」ではない新たな創造こそ、キリスト者が歩みを進める道なのです。

未来は神からの贈り物として、将来に取ってあります（二三節）。パウロはここで注意深く均衡を保っています。私たちが罪を犯すと、死という報酬を得ることになります。しかし私たちが神の教える聖さに従って歩むとき、来たるべき時代の命を、報酬として得ることはありません。それはあくまでも無償の贈り物であり、私たちが報酬として得るものではありません。

ローマ書六章には、現代の教会が真摯に耳を傾けなければならない教えがあります。それは具体的な倫理の教えを提示していません。それを求めるならば、ローマ書や新約聖書の他所を読む必要があります。パウロはここで、キリスト者としての歩みがなぜ必要であり、どのように実行に移されるべきか、その枠組みを設定しているのです。キリスト教会の内でも外でも、キリスト教は古臭くて、現代的感性からは奇異な因習と道徳的規則を固辞していると考えられがちです。パウロの言葉に少しでも注意を向けるならば、それはこのような誤解を即座に解消し、キリスト者を真に聖い歩みに引き戻すことでしょう。

七章一―六節　律法に対して死ぬこと

[1]親愛なる家族の皆さん、私は法律を知っているあなたがたに対して話しているのですが、あなたがたも知ってのとおり、法律は生きている限りにおいて人を支配します。[2]法律は夫が生きているあいだ、その妻を夫に結び付けます。しかし夫が死ねば、妻は夫に関する法律から自由になります。[3]したがって、その妻が夫の生前に他の男と関係を持てば姦通者と呼ばれますが、夫が死ねば妻はこの法律から自由になり、他の男と関係を持っても姦通者ではありません。

[4]同じように、親愛なる家族の皆さん、あなたがたもメシアの体をとおして律法に対して死んだのです。それによってあなたがたは他の方――じつに死から甦らされた方――へと所属することになるのです。それは神に対して実を結ぶことができるようになるためです。[5]なぜなら、私たちが朽ちるべき体にあって生きているときは、罪への熱情が律法をとおして私たちの手足と各器官に働いて、死に対して実を結んでいました。[6]しかし今では律法から解き放たれて、私たちが堅く結び付けられていたものに対して死んだのです。その目的は、私たちが文字による古い命ではなく、今は霊による新たな命に対して隷属するためです。

ここまででお気づきのとおり、本シリーズにおいて、私は各ペリコペの冒頭に譬えとなる物語を挿入して、読者が論点を理解する助けとなるように努めてきました。これに関しては評者によって思いがさまざまで、私の知恵や能力が疑われる場合もあります。それでも私は、このアプローチにこだわってきました。しかし本ペリコペでは、違う問題が発生します。ここでは、パウロ自身が私がここまでやってきたことを行い、しかも表面的にはその譬えがあまりうまく機能していないように見えます(これは人ごとではありません)。

本ペリコペの場合は、結婚した女性を譬えとして用いています。彼女は法律によって夫に対して結ばれています。あるいは「律法」と言うべきでしょうか。なぜなら本章全体が、一般的な法律ではなく、モーセ律法に関して述べているからです。パウロが指摘するのは以下の点です。死によって人は律法の義務から解放される。それはちょうど既婚女性が、夫の死後に、他のパートナーを持つことを禁ずる法律にもはや縛られないようである。しかし、第二の段落の四―六節でパウロはこれをキリスト者にあてはめ、一方ではキリスト者が死ぬと言い、他方ではその彼らが再び結婚すると言うのです。パウロはいったい何を想定しているのでしょう。

そもそも、パウロはなぜ律法について語るのでしょう。キリスト者の生き方について六章で述べたので、倫理基準の基盤となる律法について語るのは当然のことと思われるかもしれません。多くの教会でもいまだ十戒が壁に掛けてあるのですが、パウロはそのような発想で律法について語るのでしょうか。もちろんパウロは十戒を重要と考えます。その点に関してはローマ書一三章八―一〇節を待たなければなりませんが、パウロはそこでもたんなる十戒への遵守を教えているわけではありません。いずれにしても、パウロが本ペリコペで指摘する点はそれと異なるものです。ここで律法は、解決の一部ではなく、問題の一部として取り扱われます。

これまでのパウロの議論を注意深く追ってきた読者は、遅かれ早かれパウロがしばしば言及してきた「律法」(三・二〇、二七―三一、四・一三―一五、五・一三―一四、二〇、六・一四―一五参照)について何らかの説明がなされるだろう、と期待してきたでしょう。これまでもパウロは、律法に関してある程度のことを述べてきました。モーセ律法は神が与えたものであり、福音を証言するものではあるが(三・二一)、神の全体的な目的においては否定的な役割を演じており(五・二〇)、キリスト者はもはや「律法のもと」にいない(六・一四―一五)、と。これはいったいどういうことでしょう。パウロは読者にまとわりつくこの疑問に本章で答えようとしています。しかしそれだけではないようです。

読者によっては、ローマ書五―八章をキリスト者の生き方に関する教えとして捉えます。そうなると七章一四―二五節は、キリスト者として生きることがどんなことかを示しており、六章の厳しい教えと八章の最終的ゴールのあいだにすっきりと収まっているように思われます。しかし七章は、キリスト者の生き方というよりも、律法自体を問題としており、パウロはキリスト者が「律法のもと」にないことを繰り返します。

私は、ローマ書七章においてパウロが二つのことを行おうとしているように思います。パウロは一方で、律法がなぜ与えられたか、それがどのように神の目的に関わるか、それがいかにメシアと霊の働きをとおして成就されるか(この点は八章参照)、について説明します。その一方で、律法自体が命を与えはしないことを、ユダヤ人やユダヤ人キリスト者の反対を想定しつつ説明します。もしこれが複雑に聞こえるならば、なぜローマ書七章が解釈に困難な箇所か想像できることでしょう。

ローマ書の宛先であるローマ教会の人々の多くはユダヤ人キリスト者でしたから（一節に「律法を知っているあなたがた」とあるように）、パウロは彼らを意識しつつ、福音によって歴史的な大転換が起こったことを説明しようとしています。それは律法によって定義された契約の家族から、メシアと霊によって定義される契約の家族へと移行することです。彼らが、また私たちが、この点を把握するならば、教会は神が何をなしたかを理解し、キリスト者の信仰と希望と命とを証しすることがどのようなことかを、明らかに捉えることができるのです。

律法に関する長い説明が始まる本ペリコペを理解する鍵は、じつは五章二〇節と六章六節にありました。パウロはまだ二つの種類の人類、つまりアダムとメシアを想定したままでいます。キリスト者とは、かつての「古い人類」（六・六）がメシアと共に十字架にかけられた者を指します。私たちは皆、複合的な存在で、それはちょうど結婚の規定上、既婚女性がその夫と共に定義されるようなものです。律法は、「アダムのうちにある」人とそのパートナーである「古い人類」あるいは「古いアダム」との絆を確固とするための固定器具のようなものなのです。

これが、本ペリコペの中心になる四節を説明します。「律法に対して死んだのです」とは、六章六節での出来事と同じです。すなわち、「古い人類」はメシアと共に十字架にかかり、「私たち」は罪との連帯から解放されたのです。パウロは、イスラエルに与えられた律法が、神とイスラエルとの絆ではなく、アダムとイスラエルの絆を固くしたのだという驚くべき宣言をします。こうして、五節と本章の残りの部分でパウロが述べる、罪の欲情が「律法をとおして」もたらされるという予想外の展開に、説明がつくのです。ここでは「律法をとおして覚醒させられる」ほどの意味なのでしょうが、パウロは簡潔に「律法をとおして」と述べています。

したがって、律法は問題の一部として映ります。神によって与えられた律法は、イスラエルが「アダムの内に」あることを自覚させます。律法はイスラエルを混沌から引き上げるのではなく、むしろイスラエルが混沌の状態にあることを教えているのです。これが実際どのような事態かを本章の中心部が詳説します。

しかしパウロは六節において、解決についても前もって言及しています。「私たち」は律法に対して死に（ガラ二・一九参照）、古いアダムとの絆から解かれ、妻が夫との絆において子を宿すように、死を宿す運命から解放されます。ここで「私たち」とは、信仰とその表明である洗礼をとおして、十字架に死んで復活したメシアを代表とする家族へと所属する者を指します。今はこのメシアとの絆をとおして新たな復活の命を与えられ、神に対してまったく異なる実を結ぶのです。これはメシアをその民の花婿として譬えるキリスト理解にもつながりますが、それは例えば第二コリント書一一章二―三節やエフェソ書五章二五―二七節に見られる理解です。

ローマ書二章の終わりの部分でパウロが触れたように、古いアダムとの連帯、すなわち律法のもとでのイスラエルとして生きることは、律法の「文字」のもとでの古い生き方を指します。一方で、メシアとの連帯による新たな命は、アダムとの連帯におけるすべての点から離れて、神の霊によって力を得て生きることを意味します。パウロは一章四節、二章二九節、五章五節を例外として、これまで神の霊について述べませんでしたが、ようやく七章から八章にかけて霊の働きに関するもっとも重要な発言をします。「律法がなしえなかったこと」（ロマ八・三）を神がその霊によってなすのであれば、律法にどのような機能があり、律法に頼る生き方がなぜ行き詰まるかを、パウロは説明しなければならなかったのです。これがローマ書七章でパウロが述べようとしている内容です。

七章七―一二節　律法の到来――堕落を想起させるシナイ山

[7]それではどう言いましょうか。律法は罪でしょうか。決してそうではありません。しかし、律法をとおしてでなければ私は罪を知ることがありませんでした。律法が「貪るな」と言わなければ、私は貪りに気が付かなかったでしょう。[8]しかし罪はこの掟を格好の機会として捉え、私のうちにあらゆる貪りを呼び起こしたのです。

律法を離れては、罪は死んだ状態です。[9]私は以前律法から離れた状態でした。しかしこの掟が来たとき罪が命を芽吹き、[10]私は死んだのです。私に関して言えば、命を指し示した掟が私に死をもたらす結果となったのです。[11]なぜなら、この掟をとおして罪が機会を得たからです。罪は私を欺き、こうして私を殺したのです。

[12]したがって、律法は聖く、掟は聖く正しく良いものです。

作業員たちが家に着いたとき、家は空でした。したがって、誰かが玄関に立ったのを見たとき、作業員たちはそれが家の主人だと思い込んだのです。彼らはその家の扉と窓に新しい警報システムを設置するために来ていました。近隣で空き巣狙いが多発していたのを憂慮した家の主人が、家の総改築を機に警報システムを新しいものに付け替えようと考え、警備会社に電話で依頼していたのです。

じつは戸口に来たのは家の主人でなく、彼に電話で頼まれた隣人でした。主人はたまたまその日に風邪をこじらせ、改築のあいだ寝泊まりしている親戚の家で寝込んでいました。隣人は作業員たちと家の周りを見て回り、警報システムがどのように設置されるかを完璧に理解しました。こうなるとこの隣人は、どうすれば警報システムをかいくぐって家に侵入すればよいか、大方のところを把握することができたのです。警報システム自体には何の落ち度もありませんが、思いもよらない結果を招きかねません。

この隣人の譬えは、ローマ書七章に登場する「罪」と「私」を合わせたもので、これがパウロの議論の中心にあります。律法自身は神の律法であり、したがって聖く、正しく、良いものです。警報システムと同様に、落ち度なく機能します。しかしこれが悪用されれば、当事者は甚大な被害を被ります。

本ペリコペの議論を進める前に、ローマ書七章に登場する「私」について触れておきましょう。多くの人は、これが「私」であるパウロの自伝的記述の箇所だと考えますが、そうすると問題はパウロの生涯のどの部分か、ということになります。それは改宗前のパウロでしょうか。ある人たちは、ここでの描写がパウロの思春期であり、ユダヤ教の元服儀式であるバル・ミツバを経て「掟の子」となる過程と考えます。あるいは、改宗後のキリスト者としてのパウロでしょうか。あるいは七章に改宗前から改宗後まで移行する様子が描かれているのでしょうか。

おそらくこの議論は、間違った方向へと私たちの目を向けているでしょう。古代世界の人たちは、しばしば「私」という一人称単数の代名詞を用いてより一般的な事柄について話します。英語においても一人称複数の「私たち」が、より一般的な意味合いで用いられるのと同様です。パウロはガラテヤ書二章一五―二一節で、「私」と「私たち」の両方を用いつつキリスト者一般について語っています。したがって本ペリコペの「私」も一般論的な「私」ですが、それは人類一般と言うよりも、イスラエル一般を指しています。イスラエルは神から良い賜物として律法を与えられたのですが、その機を狙って罠を仕掛ける存在がありました。ちょうど信頼の置けない隣人のように、誰かがこの新たな贈り物を悪用しようとしているのです。

この「誰か」とは罪のことです。イスラエルも「アダムのうち」にいました。神が世を贖うと定めたとき一つの民を召命しましたが、この民も他の諸国民と同様に贖いを必要としていました。これが聖書神学の中核にある問題です。これに関してローマ書は繰り返し言及していますが、七章ではこの問題を詳細に扱っています。

これはまた、パウロが「イスラエル」とか「ユダヤ人」とか言わずに「私」と言ったこととつながります。これは究極的に、パウロの物語でもあるからです。パウロ自身にとって関係ないこと、彼が心を悩まさないこと、それを話しているという印象を与えたくはなかったでしょう。このペリコペで罪の影響に困惑して苦しむ「私」という表現と、ローマ書九―一一章において自らの民族を苦しませ続ける罪の結果に涙するパウロとのあいだには、深いつながりがあります。このようにして、ともすると異なる主題を扱っているように見受けられる箇所が、ローマ書全体の一貫した主題を構成しているのです。

本ペリコペは、二つのことを同時に行います。私が書斎から窓の外を眺めると、そこには中庭が見え、それに加えて窓ガラスに反射する机上ランプが見えます。写真を撮るとするなら、この二つが一つの風景として写し出されることになります。同じようにパウロは、律法がイスラエルに与えられた情景を描きますが、そこにはアダムに最初の命令が与えられたときの情景も写し出されています（五・一三—一四、二〇参照）。すなわち、神がトーラーをイスラエルに与えたとき、イスラエルはアダムに倣ってその教えを破ったのです。この背景には「罪」が絶えず存在し、聖く良い律法はイスラエルによって破られることが分かっていたのです。ここからパウロが導き出す結論は、もしかしたら読者にとって予想外かもしれませんが、「律法は聖く、その掟は聖く、正しく、良い」（一二節）ということです。本章の基本的な目的は、イスラエルの大失態の責任から律法を解放することであり、同時に律法が約束成就をもたらしえないことを示すことです。

律法は何を約束したでしょう。一〇節によると、それは「命」です。レビ記一八章五節や申命記三〇章一五—二〇節等で繰り返されるように、もしイスラエルがトーラーを忠実に守れば命につながり、守らなければ死をもたらします。すでに旧約聖書において、アダムとイスラエルの対比はなされています。かたや律法と約束の地を与えられたイスラエル、かたやエデンの園に置かれて掟を与えられたアダムとエバ、両者にとって教えを破ることは死を意味しました。ここで「死」とは、一方ではエデンの園からの追放であり、他方では捕囚です。しかし、この結末に関しては、園で与えられた掟が悪いわけでもなければ、荒れ野で与えられたトーラーが悪いわけでもありません。

いずれの場合も、罪がその機会を逃さず用いたということです。防犯システムの仕組みを知ることがなければ家に侵入することを思いつかなかったであろう隣人のように、イスラエルは貪りの禁止によって貪欲の支配力を知ることになりました（七—八節）。イスラエルの歴史においては、律法がいまだ与えられていない時期がありました（ロマ五・一三—一四）。しかしシナイ山で律法が与えられると、イスラエルの罪が明らかとなります。トーラーがどれほど命を約束してみたところで、罪のうちにあるイスラエルにとってトーラーは死を意味するのです（八—一一節）。

それでは「罪」とは何でしょう。これがすべて問題の元凶ならば、そこに解決はあるでしょうか。神はこの問題に対して何をなしたでしょう。この段階で言えることは、罪が神の創造に対する反対勢力であるということです。神の被造物を堕落させ、神の姿を繁栄すべき人類の行動を歪め、贖いの手段となるべき選びの民を迷わせることをその目的としています。

ここまでの議論がパウロ神学においていかに重要であろうとも、現代のキリスト者にとっては、あまりにも自分自身とかけ離れた出来事です。私たちには、律法のもとにあるイスラエルの状況を思い描く機会がなかなかありません。しかし、本ペリコペは私たちにも関係するものであり、これを看過すべきではありません。個人的な罪にしても、より広い社会的な罪にしても、それと遭遇したとき、私たちはその力を過小評価すべきではありません。悪はそこに力強く働いているのです。罪は神と世と人類に敵対し、何よりも神の子に従う者に立ち向かいます。私たちはそれを軽んじてはなりません。罪は欺き、死をもたらします。

七章一三―二〇節　律法の下での生き方

[13]この良いものが私に死をもたらしたということでしょうか。決してそのようなことはありません。それはむしろ罪が罪として現れるため、良いものをとおして働いて、私のうちに死をもたらすのです。それは、罪が掟をとおして限りなく罪深くなるためです。

[14]私たちは律法が霊的であることを知っています。しかし私は、肉によってできており、罪の権威のもとに奴隷として売られた状態です。[15]私は私のすることを理解できません。私は私の欲することができず、私が憎むことをするのです。[16]したがって、私が自分の望むことを行わないとするならば、私は律法が良いものであることに同意しています。

[17]しかし今、もはやそれは私の行いではなく、私のうちに生きる罪の行いです。[18]私は私のうちに、つまり私の人間としての肉体に、良いものが宿っていないことを知っています。なぜなら、私は良い志を持つことはできますが、それを行動に移すことができません。[19]なぜなら、私は私が望む善い行いができず、私が望まない悪を行うからです。[20]ですから、もし私がしたいと望まないことを行うならば、それはもはや「私」が行うのでなく、私のうちに宿る罪が行っているのです。

このペリコペがすっきりした文章でないことは疑いの余地もありません。一度読んだだけでは、すんなりと頭に入ってこないことでしょう。これを人類の窮状に関する深遠な洞察と捉える人もいますが、支離滅裂な戯言《ざれごと》として看過する人もいます。私自身は、どちらの立場も取りません。これはパウロをも含め、誰の体験をも厳密に表現したものではないのですが、それでも人類一般や古今東西の文学のうちに何らかの共感するものを見出すことができるでしょう。しかし、それが重要な問題ではありません。パウロは、他所でもそうするように、少なくとも二つのことを試みています。

前ペリコペにおいて、トーラーの到来によってイスラエルに何が起こったかを記したので（つまりイスラエルがアダムの罪を繰り返して自らの罪深さを示したことを）、パウロは本ペリコペにおいて、今度は律法のもとに生きるイスラエルの現状を伝えます。

ある人はこれをイスラエルへの批判として理解します。「ユダヤ人」は律法を守ることによって神の好意を得ると考え、**義認**あるいは行いによる救いを勝ち取ろうとするのだ。パウロはユダヤ人のこの試みを愚かな行為だと非難している、というのです。しかし実際はそうでないようです。パウロは律法のみならず、「私」の容疑をも晴らそうとしています。それをするのはもはや「私」でなく（一七、二〇節）、私のうちに宿る罪です、と。律法のみならずイスラエルまでが、より大きな力に閉じ込められているようです。イスラエルが聖く正しく良い律法を守り（一二、一三節）、善い行いをしようとすればするだけ、律法は「お前は私の掟を守らなかった」と宣言します。

これがパウロの意図する意味です。イスラエルがトーラーを守って生きようとすることは良い、しかし律法が「霊的」であるのに対してイスラエルである「私」は肉によってできており罪のもとで隷属状態にある（一四節）、ということです。換言すれば、イスラエルはアダムの側にいるのです。律法はこの問題を解決するどころか、むしろ強化してしまいます。ここまでの議論は、ローマ書二章一七―二四節の繰り返しです。じつにローマ書七章は二章一七―二四節の長編であり、これに続くローマ書八章は二章二八―二九節の長編と捉えることもできます。だからこそパウロは、ローマ書九章で三章冒頭の質問を繰り返すのです。

二章一七―二四節の内容は以下のとおりでした。イスラエルは神の前で他の諸国民よりも優れていると主張した。それは特に律法を持っていることを根拠としていた。しかし神の前で罪と宣言され、他の諸国民と同様の状態であることが示された（一・一八―二・一六）。ここで、パウロが本ペリコペで意図する二つ目の主題が見え始めます。それは些細なことであるようでも、パウロが意識している読者にとっては重要です。パウロは律法のもとで生きるイスラエルが有する問題を述べてきましたが、それはアリストテレス以降の道徳主義者たちが葛藤してきた問題と同じでした。ヘレニズム・ローマ社会において哲学者や詩人たちが長いあいだ悩んできたことは、たとえ何が良いことかを判断することができたとしても、実際それを行うことができない、という問題です。それは裏返せば、何が悪につながるか分かっていながら、それをしてしまうという問題です。パウロは異邦人社会においてたび議論をしてきましたし、当時好まれた詩や哲学者の引用を巷で耳にしていました。パウロは本ペリコペにおいて、律法のもとにあるイスラエルの窮状が異邦人の道徳主義者たちの窮状と何ら変わりないことを示しているのです。これがイスラエルの問題をもっとも明らかにした箇所です。神の民がどれほど神の律法を守ろうとしても、その結果は異邦人の道徳的努力と変わりなく、道徳的無力を示すだけだ、ということです。

ただパウロは、イスラエルと律法を擁護します。つまり、イスラエルを覆う悲惨な状況の責任を律法に負わせることをしませんし、「私」に関しても、イスラエルが神の律法を守ろうとすること自体を悪いとは言いません。詩編一九、一一九編には律法に対するイスラエルの思慕が歌われています。そこでも私たちは、問題が罪にあると分かります。

パウロは一三節において、罪に何が起こるかを述べています。「私」に死をもたらしたのは罪であるが、それは「罪が罪として現れるため」であり、「限りなく罪深くなるためです」。一見すると、「……ため」という表現を罪に当てはめることには違和感があります。なぜ神は、罪をその極みに達するようにするのでしょう。同様の表現は五章二〇節にも見られます。「それは違反が増すため」だと（ガラ三・二二参照）。

神は罪をその極みにまで導くことによって、罪を断罪しこれを完全に処分することを意図しています。この断罪と処分の場はどこでしょう。それは、神が世の光として召命した神の民イスラエルです。それはなぜでしょう。それは、イスラエルを代表する**メシア**に罪が集中し、そこで一度だけ完全に処分されるためです。ある人にとっては個人の道徳的無力さに関する支離滅裂な戯言のように映る本ペリコペは、パウロがこれまで語ってきた十字架の業をより鮮明に描くための準備段階となっているのです。

七章二一—二五節　二重の「律法」と惨めな「私」

[21]したがって私は、以下のことを律法に関して知るのです。私が正しいことを行おうとすると
き、悪がすぐ近くにいます。[22]私は心の底から神の律法を喜びます。[23]しかしそれとは異なる「律
法」が私の体に働きかけており、私の心にある律法に対して戦いを挑みます。私は私の体に働き
かける罪の律法の奴隷となっているのです。
[24]私はなんと惨めなことでしょう。誰が私をこの死の体から救い出してくれるでしょう。[25]私は
王であり主であるイエスをとおして神に感謝します。私は、心においては神の律法の奴隷であり、
体においては罪の律法の奴隷です。

パウロはここで「律法に関して知るのです」と述べます。伝統的に注解書や聖書翻訳では、二一節の「律法」を「原理」とか「ある法則」と理解し訳してきましたが、私にはそれが正しいとは思えません。ここまで全体の議論は、律法、神の律法、モーセ律法に関するものでした。それを受けて二一節は冠詞つきの律法、つまり「その律法」となっています。ローマ書七章の最後にあたって、ここまでの議論とは別の主題を取り上げるという無理な解釈をしない限り、これは「律法」以外に読みようがないのです。

それでは、パウロは律法に関して何を知るのでしょう。律法の下で生きるイスラエル、つまり「私」のうちで、律法が私を両方向へと引っ張ることに気づきます。「私は正しいことを行おうとするが、悪がすぐ近くにいます」。パウロはここで、創世記四章七節におけるカインの描写を彷彿とさせる言語を用いています。ローマ書七章七―一二節はイスラエルがアダムの罪を再現したことを教えたのですが、七章一四―二〇節における道徳的無能はユダヤ伝統におけるカインに倣っているようです。二一―二二節では、「私」が神の律法を喜びます。パウロ自身が、若い頃から、日々トーラーを学び、詩編一九編や一一九編の祈りを唱え、トーラーを身にまとい、トーラーを呼吸していました。それがユダヤ人にとっては当然のことであり、イスラエルはそのようにすることが期待されていたのです。

しかし、「アダムのうちにいる」者には、律法に近づけば近づくほど、「お前は罪人だ」と言う声が大きく聞こえてきます。それはたんにあなたの罪を告発するだけでなく、八節と一〇節によると、あなたを罪へと誘います。これはあたかも、律法が作り出す陰翳が暗闇の側へと人を引きずり込もうとするようです。律法が示す「私」がすべきことを、じつはその影が阻止しているかのようです。このようなイメージを神の律法に対して抱くことは奇異な感じがすることを否めませんが、これはパウロがローマ書でここまで述べてきたことと符合するのです。

その結果として、「私」は（戦争）捕虜となります（二三節）。両者のせめぎ合いが続いてきました。誠実なイスラエル（一・二八を参照）は心の内で神の律法を行おうとするのですが、アダムに属する人をとおして罪はそれに抵抗します。イスラエルは世の光となるように召し出されたのですが、他の諸国民と同様に罪にどっぷりと浸っているのです。パウロはこの緊張関係について、ローマ書九章でさらに述べます。この緊張関係ゆえに、パウロのイエス理解は重要です。「誰が私を救うのでしょう」（二四節）という問いは、メシアである主イエスをとおして神が救う、という返答につながります。メシアのうちに、イスラエルとそれを救う神が出会うのです。この点に関して、パウロは八章三—四節と九章五節でさらに述べます。

なぜパウロは、律法の下にあるイスラエルの窮状に関して、これほどまでに長々と書き綴るのでしょう。これを読む現代の読者は、ユダヤ人でもなければ、ユダヤ人と触れ合う機会もそれほどない自分たちに対して、パウロはもっと大切なことを暗に伝えようとしているのではないか、と考えるかもしれません。

私はむしろ、律法の下にあるイスラエルについて知ることこそが、現代のキリスト者にとって重要な適用につながると考えます。パウロは、キリスト者であることをアダムの子孫であることと同視します（ロマ四章、ガラ三章）。異邦人キリスト者に対して語る際に、エジプトから脱出したイスラエルの民を「私たちの祖先」と述べます（Ⅰコリ一〇・一）。もし現代のキリスト者が、約二〇〇〇年にわたるイエス以前の歴史とのつながりを忘れてしまうならば、彼らは新たな枝葉として命を受けるべき根幹を失ってしまいます（ロマ一一・一五—二四）。したがって、イスラエルの歴史とキリスト教会との連続性と非連続性の両方を、明らかに認識することが重要なのです。多くのキリスト者が、個人の信仰において、また「キリスト教国」を公に表明する国々において、旧約聖書の律法が果たす役割について考えあぐねます。そのようなときに、ローマ書七章の主題が非常に重要となるのです。

神がトーラーを与えた目的は、人類に道徳の第一原理という一般論を提供することではありませんでした。それによって人類が自ら道を開き、いずれは山上の説教と肩を並べるような道徳を体得することが意図されていたのではありません。救済と倫理とに関する議論の背後にある悪の問題は、ずっと深刻です。神がトーラーを与えたとき、それはイスラエルを呼び出したときの目的を成就するためでした。その目的は、人類により良い生き方を提供するというだけのことではありませんでした。その目的は、この世を罪と死から救い出すことでした。

この目的を達成するために、神はトーラーを送っただけでなく、神の子と霊とを送りました。それはトーラーが試みたができなかったことを最終的に完成させるためでした。この点をさらに理解するために、私たちは次の章へと進みましょう。それはパウロを含むキリスト教著作家たちの執筆したものの中でも、もっとも偉大な文章と言えるでしょう。

八章一―四節　メシアと霊における神の業

1ですから、メシアであるイエスのうちにいる者に対して罪の宣告はありません。2なぜなら、メシアであるイエスのうちにあって命を与える霊の律法が、罪と死の律法からあなたがたを解放するからです。

3なぜなら、人の肉のために弱くなった律法ができないでいたことを神がされたからです。神はご自身の子を人の罪深い肉のような姿で、罪過の供え物として送り、その肉において罪を罪として裁かれました。[4]それは、肉によってではなく霊によって生きる私たちのうちに正しく適切な律法の判決が下るためです。

私たちが英国のミッドランド地方に住んでいた頃、新たなテレビ番組開始の可能性を探るために取材をする二人の人の訪問を受けました。彼らが言うには、「イングランドの中央」がどこか、諸説があるとのことです。英国のだいたい中央あたりに住んでいた私は、それをどう思ったでしょう。

私への取材が新しく始まるという番組の役に立ったかは不明ですが、英国の真ん中を特定するなどという試みは愚かなことです。私たちの住まいから数キロ南に下った辺りにロータリーがありますが、そこにはこれみよがせに「中間地（ミッド・ポイント）」という標識が立っています。しかし歪《いびつ》な形をした英国を考えると、いくつも中心と呼べる場所があるように思えて仕方がありません。

私が大学の学部生を教えていた頃、パウロの思想の中心となるものを探し当てるよう宿題を出したことがあります。ちょうど右の議論と同様に、多岐にわたる主題を扱うパウロの書簡群のことを考えると、この宿題に正しい答えがあるのかどうか疑問にも思われますが、それでも本ペリコペはその有力な候補と言えるでしょう。ここには、非常にパウロらしい表現で、神、子、霊が表現されています。ここには、何が十字架上で達成されたか、パウロのもっとも明らかな説明が見られます。ここにはユダヤ律法への批判とともに、その律法が人の思いもつかない仕方で福音をとおして成就される様子が描かれています。そこには、メシアに属する者には罪の宣告がないという、輝かしくかつ非常にパウロ的な希望が提示されています。これは、パウロの代表的な主題が取り揃えられているペリコペと言えるでしょう。

ローマ書七章に始まり八章一一節に至るまで、一つの大きな議論が続いていますが、本ペリコペでは、メシアであるイエスに属する者すべてに対し、霊によって復活の命が与えられるとき、命を与えるという律法の本来の意図がようやく達成される様子が描かれています。本ペリコペでは、この結末に至るための基盤が固く据えられます。ローマ書三章二一節の「しかし今は」が知らせる福音の全貌が、ここで明らかにされます。

そしてこのペリコペは、霊の働きに関するさらなる議論を開始する場でもあります。八章一節は五章一―一一節を振り返りつつ、八章三一―三九節に見られる力強い救いの確証を期待させます。したがって本ペリコペとこれに続くペリコペ(八・五―一一)は、七章における議論の結論であると同時に、八章における議論の導入としての役割を果たしています。密度の濃い箇所である所以です。

パウロの典型的な執筆スタイルは、花の開花する過程のようです。わが家の庭にはバラの木が何本か植わっていますが、今は冬の季節で雪に覆われています。しかしよく見ると、小さな若枝が出て来始めているのが分かります。春も深まるとこれにつぼみがつき始め、やがてバラが開花します。この見事な花を咲かせたつぼみが小さな若枝の先端に潜んでいたのです。

本ペリコペの執筆スタイルは、まさにそのようです。一節はローマ書八章全体でパウロが述べようとする内容を前もって提示しています。メシアのうちにいる者にとって罪の宣告はありません。二節はその説明を始めますが、その内容を把握するためには顕微鏡を覗くような細かな精査が必要です。二―四節ではつぼみが大きく成長し、五―八節で開花を咲かせるつぼみを見逃すことはできません。三―四節ではつぼみが大きく成長し、五―八節で開花が始まり、九―一一節では完全に開花したバラがその香りを放ちます。パウロの言葉は、ときとして非常に濃密で戸惑うこともありますが、それが大きな議論として開花する始まりであることを心に留めて、理解を進めましょう。

罪の宣告はありません。神の裁きの現実と罪の重さを注意深く考察する者だけが、この力強い保証の重大さに気づきます。罪を軽視し、神の裁きなどないと考える者は、ローマ書八章一節の価値を容易に見過ごすことでしょう。パウロは一節の開始にあたって、なぜ「ですから」と記したのでしょう。七章の終結部を引き継いでいるとすれば、このように力強い肯定的な宣言が続くとは考えづらいです。例えば、「ですから、悲惨な破滅があります」と続くことが期待されるところです。

しかし解決は、もうそれほど遠くありません。二節、三節、五節、六節には「なぜなら」を意味するギリシア語の小辞が繰り返され、一節一節が前の節をさらに説明しつつ、読者を解決へと導きます。罪の宣告はありません、なぜなら霊の律法が罪の律法からあなたがたを解放したからです。なぜなら、神がその御子と霊の内において働き、罪を断罪して命を提供したからです。なぜなら、人類は二つあり、あなたがたは霊に属する人類だからです。なぜなら、肉に属する人類は死へ、霊に属する人類は命へとそれぞれが向かっているからです。罪の宣告はありません、なぜならこれらすべてが起こったからです。

「霊の律法」という場合、それは一般的な法則とか原理とかを意味しません。それは神の律法です。律法がなそうとしてできなかったこと、つまり命を与えることを成就しようと霊は働いています。そしてこの命とは、現在においては道徳的に生きる命であり、将来においては復活の命を指します。律法は神の業を見据え、自らがなしえなかったその業を、神が成就することを喜び祝うのです（四節）。

しかし、神はこれをどのように成し遂げるでしょう。古の敵である罪が反撃に出ることはないでしょうか。パウロはその可能性を十分に意識しています。しかし、罪は致命的な一撃をすでに負っています。霊の風が吹いて枯れ木を一掃する前に、悪の力は根こそぎにされている必要があります。それが、罪の断罪です。それはたんなる有罪の判決ではなく、処刑の執行を意味します。パウロは、この執行が神の子メシアの死において達成されたと述べます。ローマ書一章三四節だけでなく、ほぼすべての章でこの宣言の言葉が鳴り響いているのを読者は聞くことができます。

この「贖罪論」は実際どのように機能するでしょう。パウロは本ペリコペにおいて精密な議論を展開します。第一に、神はその子を遣わしたのですが、それはローマ書五章八節で述べられたように、無関係な他者の派遣ではなく、神自身の介入です。全体の議論が意味をなすためには、「神の子」はただたんにメシアであるイエスを指すのでなく、神自身の第二の自己でなければならないのです。第二に、神の子は「人の罪深い肉のような姿で」遣わされます。それは七章一四、二四節の問題を対処するために重要です。肉にある人を解放するために、「肉のような姿」になることが必要でした。五章二〇節と七章一三節にあるように、罪は律法をとおして「より罪深く」なりました。罪の罪深さが露わになったイスラエルの窮状を、イスラエルを代表するメシア王が一身に負います。世の罪はイスラエルの上に集中し、そのイスラエルの罪がメシアの上に集中します。メシアは、「ユダヤ人の王」と記された罪状書きをその頭上に高く掲げて、罪人として処罰されます。その瞬間に、神は罪を断罪したのです。すなわち神は、「その肉において」罪を裁いたのです。神は罪を一極に集中させ、その場において断罪しました。預言者が言うように、「われわれに平和をもたらした裁きが彼に下され、彼への鞭がわれわれを癒した」（イザ五三・五）のです。

パウロはここで、神がイエスを裁いたとは言わず、イエスの体において罪を裁いたと述べます。同様の内容はガラテヤ書三章一三節や第二コリント書五章二一節にも見られますが、本ペリコペではより明確にこの贖いの業が示されています。パウロはここで、罪過の生け贄という旧約聖書の犠牲をメタファとして用いています。それはなぜでしょう。

旧約聖書における罪過の生け贄は、罪と知らずに罪を犯す場合、また罪と分かっていても不可避的にそれを犯す場合の償いです。パウロは、律法の下にあるイスラエルをまさにそのような罪を犯した者として扱います。「私が望む善い行いができず、私が望まない悪を行う」イスラエル、そして「なんと惨めなこと」と嘆くイスラエルに対して、神はローマ書八章三節において罪過の生け贄を用意したのです。ローマ書一章一八節―三章二〇節に登場する裁かれるべき罪人は、メシアにおいて罪が裁かれたことにより、もはや罪の宣告を受けないのです。

八章五―一一節　霊の業

5それはこういうことです。生き方が肉によって規定されている人は、肉に関わることにその思いを寄せます。しかしその生き方が霊によって規定されている人は、霊に関わることにその思

いを寄せます。[6]肉に関わることに思いを寄せれば死にますが、霊に関わることに思いを寄せれ
ば命と平和があります。[7]肉への思いは神に反逆します。それは神の律法に従いませんし、従う
ことができません。[8]肉によって規定されている人は神を喜ばせることができません。
[9]しかしあなたがたは肉の人ではありません。もしあなたがたのうちに神の霊が住むならば、
あなたがたは霊の人です。メシアの霊を持たない人は、メシアに属しません。[10]しかしメシアが
あなたがたのうちにいるならば、体は罪のために死んでいるのですが、霊は契約への誠実さゆえ
にあなたがたの命なのです。[11]したがって、イエスを甦らせた方の霊があなたがたのうちに住む
ならば、メシアを死から甦らせた方は、あなたがたのうちに住むこの方の霊をとおして、あな
たがたの朽ちるべき体にも命を与えます。

古い屋根裏部屋に入ったことがありますか。そこでランプを見つけたとしましょう。奇妙な形の電球がついていますが、スタンド部分は意匠が凝らしてあり、埃をかぶった傘の部分もよく見ると趣味が良いものです。あなたはそのランプを地階に下ろして使ってみようと思います。もしランプの成り立ちにまったく不案内なら、あなたはそのランプをコンセントにつなげてみようと思うでしょう。が、あなたはランプから電気コードが出ていないことに始めて気が付きます。故障品ということでしょうか。いいえ、ランプがすべて電気で明かりを灯すとは限りません。それはガス・ランプだったのです。

ありえないような譬えかもしれません。しかしこれは本ペリコペでのパウロの真意を示すものです。覚えているでしょうか、パウロはまだユダヤ律法について議論を続けています。その律法は約束どお

りの命を提供することができませんでした。しかし神は、律法ができなかったことを行い、その結果として「肉によってではなく霊によって生きる私たちのうちに正しく適切な律法の判決が下る」（四節）ようにされました。パウロはこの点をより詳しく説明し、読者をその結論へと導こうとしています。

ここでの主題は七章一四節と同様のものです。律法を前にして人はその自然なかたちにおいて、電気コンセントにつなげたガス・ランプほどの機能しか持ちえないのです。「私は肉によってできており、罪の下に売られています」とパウロは述べます。その一方で律法は「霊的」です。つまりこういうことです。照明器具は人で、古いガス式と新しい電気式があるように、古い人類と新しい人類があります。律法は電気のようです。もし律法が命を約束するならば（七・一〇）、それを間違った器具に流しても無駄なのです。下手をすると爆発につながります。それが七章一四—二五節で起こっていることです。それは適切な器具に流さなければなりません。つまり、律法という電気は、もはや「肉的」な器具でない人に対して用いるべきです。すなわち「霊的」な人です。

しかし、「肉的」とか「霊的」とかは何を意味するでしょう。特に前者は誤解を引き起こしやすい語なので、他の訳語がないものか試行錯誤したのですが、それは結局より大きな混乱を招くのみです。次善策は、この「肉的」という語によってパウロが何を意識しているかを説明することでしょう。パウロが「肉的」とかそれに準ずる語を用いる場合、それはたんに身体的で物質的な世界を指して、非物質的な世界との区別をつけているということではありません。パウロがそれを意図するときは、他の語を用います。この語が指すのは、「腐敗」や「堕落」といったこの世の朽ちるべき有り様の一部となっている人や事物のことであり、本ペリコペにおいては神への反逆です。「肉」は否定的な語です。ユダヤ人としてのパウロにとって、被造物である物質世界自体は良いものです。ただその濫用と堕落が悪だというのです。「肉」が示すのはこの誤用であり、腐敗と堕落です。

一方で「霊」は、一般に神の霊、すなわち聖霊を指します。パウロはこの語を人の霊、すなわち人の内的実体にも用います。しかしここでは前者の意味が重要です。パウロはここで、アダムに属する人類とメシアに属する人類という、ローマ書五章から引き継がれた二つの範疇を、霊と肉という新たな表現を用いて説明しようとしています。霊は、律法ができなかったこと、命を与えることをするのです。

これはキリスト者の日々の生き方の中においてすでに現れています。誰が「肉」の思いに支配され、誰が「霊」の思いに支配されているかは明白です。彼らの思いは何に向かっているでしょう。もし誰かが傲慢で妬み深く陰口を叩くのであれば、パウロの理解においてそのような人は「肉的」です。パウロは七―八節において、七章一四節を意識しながら説明します。「肉」によって規定される人は、神に敵対するだけでなく、律法に従うことも神を喜ばせることもできません。これによってパウロは以下のことを示唆しています。霊によって規定されている者は、神の律法に従い、それを成就する。

これは何を意味するでしょう。残念ながらパウロはそれを明確に示しません。しかし結論は見えてきます。霊がうちに住む人は死から甦らされますが、それは律法が約束した命を受けることです。しかしパウロは、キリスト者の信仰が律法の成就であるという理解を、ローマ書一〇章五―九節に至るまで明言することはありません。パウロはのちに、愛の律法に従う者がトーラーの道徳規定を満たすと述べますが、それはローマ書一三章八―一〇節まで待たねばなりません。特にローマ書の前半部においては、全体を意識しながら議論を進めるパウロの表現が、のちに説明される事柄を前提としていることもあり、その理解が困難な場面もあるのです。

この議論の先には復活の約束があります。それは私たちが、最終的に死のもたらす堕落と腐敗から「救われる」ことです。これが最終的な報いであり、神はそのとき、「これが私の民である」と宣言します。パウロはメシアと霊とを容易に言い換えます。「あなたがたのうちに霊がいる」は「あなたがたのうちにメシアがいる」となります（ガラ二・二〇とコロ一・二七を比較）。イエスに関して用いられる語に注意してみましょう。神が人としてのイエスを甦らせたとき、それは民を代表する王としてのメシアを甦らせたことであり、したがってその復活は民全体の体験となるのです。

パウロがここで霊に言及するとき、それはローマ書の冒頭で保留された疑問に対する答えを提示しているのです。それはすなわち、神は何を根拠として、福音を信じる者たちを現在の時点で正しいと宣言することができるのか、そしてそれが最終的な判決を保証することになるのか、という疑問です。パウロはこの点に関して本ペリコペで明らかにします。霊は人の心に働きかけ、福音の提示をとおして人のうちに信仰を生み、四―六節に述べられているような新たな命を生じさせ、死を越えて働き、新たな体を持った命を提供するのです。それゆえに、メシアのうちにある者は最終的に「罪の宣告をされない」のです。したがって、契約において正しくあるという未来の判決は、「罪が赦された」というかたちで現在の私たちに告げられるのです。パウロが一〇節で述べるように、「霊は契約への誠実さゆえにあなたがたの命なのです」。

この力強い段落には、もう一つの側面があります。ユダヤ人の思想において、被造物を超えてそれを治める超越神は、同時に被造物のただ中にいる遍在神です。パウロはこの伝統を継承し、神の臨在をさまざまな仕方で表現します。すなわちそれは、神の知恵、神の霊、(神殿において顕著に現れる)神の栄光、神の言葉、そして神の律法です。特にサムエル記下七章や詩編二編に見られる神の子の高挙表現(神によって高い地位や位置へと引き上げられる表現)に鑑みるならば、これらに神の子をも加えることができるでしょう。つまり、神の子のうちに神の臨在が満ちているのです。パウロが本ペリコペで試みていることは、被造物のあいだに見られる神の活動に対してさまざまな表現を用いつつ、イスラエルと全世界との救済計画を読者に強く印象づけることです。ユダヤ伝承において神の知恵が被造物のあいだに届けられたように、神はその子を遣わすことをとおして律法を成就したのです。その結果、神の栄光が神殿を満たしたように、神の霊は人の心を満たすのです。パウロはのちのキリスト教会において一般化される神表現を用いてはいませんが、三位一体の神学につながる要素はここにすでに見られるのです。

純粋な神学は、信仰と希望のうちに生きています。それは形而上学的な見せかけを整えるための、たんなる理論的構築とは異なります。ローマ書八章一―一一節には福音の力が満ちています。もし教会がその帆を高く広く張り、この福音の風をいっぱいに受けるならば、教会の可能性は計り知れないものでしょう。

八章一二—一七節　霊に導かれる神の子ども

[12]したがって、私の親愛なる家族の皆さん、私たちは負債を負っていますが、それは肉に従っ
て生きるための肉に対する負債ではありません。[13]もしあなたがたが肉に従って生きるなら、あ
なたがたは死にます。しかしもし体の行いを霊によって殺すならば、あなたがたは生きます。
[14]神の霊に導かれる者は誰でも神の子どもです。[15]あなたがたは、恐れの中に引き戻されるため
に、奴隷の霊を受けたのではありません。あなたがたはむしろ子となる霊を受け、この方のうち
で「アッバ、父よ」と叫ぶのです。[16]このことが起こるとき、霊は私たちの霊と共に、私たちが
神の子どもであることを証言するのです。[17]そして、もし私たちが子どもなら、相続者でもあり
ます。それは神の相続者であり、メシアと共にある共同相続者です。私たちがこの方と苦しみを
共にする限りにおいて、私たちはこの方と共に栄光を受けることになるのです。

借金返済の問題は、多くの個人にも国家にも重くのしかかっています。私が若かった頃は、多くの人が借金を抱えるような状態を、銀行が許すことはありませんでした。まだクレジット・カードというものがなかった時代です。もちろん負債を抱える人がいなかったわけではないですが、それでも規制は厳しく、ほとんどの人たちは自分の収入のうちで生活することが当たり前でした。

今日ではそれが様変わりし、私見では悪い方向に向かって変わってしまいました。先進国では何百万、何千万もの人々が、自分の収入を超える出費を繰り返し、せっせとローンを組み、利子や手数料が知らないうちに累積するプラスチックのカードで財布を膨らませます。

先進国はグローバルな経済システムを構築しますが、それは次から次へと債務超過国を生み出しています。この問題を警告するキャンペーンを行ったところで、それは焼け石に水の状態です。借金における大きな問題は、それが人の心を支配するということです。あなたに負債があるという事実は、あなたの世界観、人生観を一定方向へと導きます。

それならば、なぜここにきてパウロは、私たちに負債があるという驚くべき表現を用いるのでしょう。ここでもパウロは、見切り発進をしたあと横道にはまり込み、当初の議論を終えることができないでいます。直前のペリコペから予測されることは、私たちの救済を完成した神に対する感謝をもって生きるようにとの奨励ではないでしょうか。その意味で、私たちは神に対して恩義があり、それは神に対する負債のようなものだ、ということならば良かったのです。私たちはメシアと共に約束された相続を受けます。私たちには、神の子どもとされたという恩義があるのです。おそらくパウロは、本ペリコペを始めるにあたって、このように考えたことでしょう。

しかしパウロは、この議論を始めるやいなや、八章五―六節で取り上げた問題を確認する必要を覚えます。つまり、私たちは「肉」に対して負債を負っているのではない、私たちは返済義務を何ら感じる必要はない、ということです。あたかも肉に対しての債務者のように生きるならば、私たちは死に至るのです。そうではなく、私たちの肉体が望むことに対して「否」と言い抜く道を進むことが勧が用いられています（コロ三・九参照）。これは決して容易な道ではないですが、必要なことです。私たちを「肉」の世界へと引きずり込む誘いに対して死ぬことができない生き方は、キリスト者の生き方と呼ぶに相応しくないのかもしれません。パウロはこの体験を、イスラエルの民が約束の地を目指して荒れ野を歩む姿になぞらえます。

イスラエルの民は神に導かれ、昼間は雲の柱が、夜間は火の柱が、彼らを方向づけます。彼らはこの長旅を諦めて、かつて奴隷であったエジプトに引き返そうとします。彼らは神への反抗、偶像礼拝、その他の愚行を繰り返しつつも、なんとか神の約束にしがみついています。この民を導く神の思いが、出エジプト記の冒頭にあります。「イスラエルは私の子、私の長子、私に仕えるために、私の民を行かせよ」（出四・二二。ホセ一一・一参照）。

この主題を念頭に置いてローマ書八章を読むならば、これに共鳴する主題を容易に発見できるでしょう。荒れ野とは、「肉」の誘惑が強い世界を示しており、キリスト者はそれに対して抵抗すべきです。雲と火の柱の代わりに、キリスト者には霊が与えられ、これが生ける神の個人的な臨在を示します。イスラエルの民が雲と火の柱に導かれたと同じような畏れをもって、キリスト者が霊の満たしを体験することはできるでしょうか。キリスト者も誘惑への抵抗を諦めてエジプトに逆戻りすることを考えます。キリスト者の道が茨に満ちた困難な道のりであることに驚いてはいけません。エジプトからカナンの地に向かう道のりは、いつもそのようです。パウロがローマ書六章一五―一九節で明らかにしたように、私たちは誘惑の地をあとにしたのですが、罪の奴隷となることの方がずっと楽な気がしてきます。そこにはもはや葛藤がなく、上り坂をのぼるような苦しみもありません。しかし同時に、待ち望むべき相続もなく、神の生き生きした臨在もなく、イエス自身が私たちを伴う実感もありません。「恐れの中に引き戻されるために、奴隷の霊を受けたのではないでしょう」。もちろんです。

キリスト者はここで、旧約聖書におけるイスラエルの使命を新たなアイデンティティとして引き受けます。それは「養子（子となる）」ということです。じつはこれが、聖霊が人の心に宿るときの最初のしるしは、神を父として認めることです。聖霊によって神への愛が私たちの心の内に注がれる（ロマ五・五）ことの意味です。「アッバ、父よ」という古いアラム語表現は、イエス自身が神に対して用いた言葉です（マコ一四・三六）。パウロは同じ語をガラテヤ書四章五―六節でも用いますが、そこにも出エジプトの主題が強く鳴り響いています。ローマ書八章では、聖霊と人の霊とが二人三脚でもするような体験として描かれています。

このような体験を語ることは容易でありません。キリスト者の経験において、自分自身の意識が前面に出ている場合もあります。しかしときとして、そうではない他の思いが、私たちを神に対する愛や聖さへと優しく誘い、私たちの行動に強い動機を与えます。キリスト者の成長とは、このような声を聞き分ける能力を身に付けることでもあるのです。それが神の霊による働きかけという場合もあります。そして神の霊が私たちに告げる内容は、何をおいても、私たちがじつに神の子どもであるという事実であり、私たちの霊もこれにまったく同意するのです。これは、八章二九節において繰り返される、重要な主題です。

この主題はここで終わりません。イスラエルの子はカナンの地を相続するよう約束されています。

この約束は、メシアの到来によってその範囲を広げます。「私はあなたがたへの相続地として諸国を与え、地の果てまでもあなたがたの所有とする」（詩二・八）。これは本来のアブラハムに対する神の約束と符合するものです。パウロはローマ書四章一三節でも、アブラハムとその子孫への約束は、彼らがこの世界を引き継ぐことだ、と述べています。後続するペリコペにおいては、この約束が全被造物の相続というキリスト者的な表現へと拡大します。最終的な神の報いと復活をとおして、全被造物がその堕落と腐敗から解放されることになるのです。

これが、ローマ書五章二節において示唆されている「栄化」の内容です。栄化とは、キリスト者が電球のように光り輝くことではありません。もっともダニエル書一二章三節やマタイ福音書一三章四三節には、そのような約束も見られますが。栄化とは、メシアの栄光に輝く被造物の支配を私たちが共有するということです（ロマ五・一七参照）。

これこそが、私たちが負債者であることの意味です。私たちは、私たちを愛し、救い、約束の地へと、つまり新たな創造へと導く神に対して、恩義があるのです。負債者とは債務者であり、義務があります。キリスト者の中には、じっと座って権利主張だけをしていれば、神が何でも与えてくれると思う人もいるようです。しかし、神の贈り物は私たちだけのものではなく、私たちをとおして他者へと向かいます。私たちをとおしてこの世の変容がなるのです。キリスト者の中には、義務の履行という考えが、神の恵みと相反することを心配する人もいるようです。しかしパウロは、私たちが神に恩義を持つ負債者であると述べます。したがって私たちは、メシアと共有する被造物の支配という「栄光」のあり方に倣った生き方が求められているのです。それは、現在においては、キリストと苦しみを共にすることです。

八章一八—二五節　再創造と待望

[18]私たちが現在経験する苦しみは、のちに私たちのために現れる栄光と比べるならば価値のないものだ、と私は考えています。[19]被造物自体、神の子どもたちが現れることを心待ちにしています。[20]被造物は無益へと縛られていますが、それは自らの意志によってではありません。被造物をその束縛の下に置いたものによってです。それは[21]被造物自体が腐敗という隷属から解放されて、神の子どもたちが栄光を受けるときにもたらされる自由を喜ぶためです。
[22]それはこういうことです。今に至るまで全被造物が共に喘ぎ、共に出産の苦しみを体験していることを、私たちは知っています。[23]それだけでなく、私たちは霊の命という初穂を内に抱いていますが、私たちの体の贖いである養子縁組の成立を待つあいだ、内なる苦しみを体験しています。[24]私たちは希望によって救われました。しかし、見えるものを希望として望むことはしません。誰が見えるものを望むでしょう。[25]しかし、もし私たちが見えないものを望むなら、私たちはそれを心待ちにし、忍耐を持って望むのです。

私が標識の意味に気付いたのは、かなりのあいだ森の中をさまよったあとでした。森にはいくつもの小路が、さまざまな方向へと向かっていました。いくつかの道は歩き慣れた道です。湖に通ずるものもあれば、野鳥が棲む湿地につながるものもあります。ある道は古い樫の木々を越えて続きますが、その先にあるのは何百年も以前の古戦場です。

しかし、中には私がまだ一度も足を踏み入れたことのない小路もあります。草木が伸び放題になり、行く手を確認することもままなりません。私はウォーキングが目的で急いでいますから、小路の様子に十分な注意を払ったことがありません。この道の入り口には、雑草に隠れるようにして小さな標識が立っていたのですが、それにも気にとめませんでした。その標識は地面から四、五〇センチほどのところにあったでしょうか、一番上にはVの文字のような形が見えました。木片につけられた傷だったかもしれず、何の意味もないのかもしれないのです。

あるときその小路の入り口まで来ると、誰かが雑草や枝をはらったあとだったのでしょう、標識の残りを初めて見ることができました。そこには残りの三つの文字、I、E、Wがあり、矢印が小路の方を指しています。「景勝（VIEW）」とはいったい。私は興味をそそられ、そちらに足を向けました。

初めのうちは予想どおりで、雑草や木々が伸び放題でした。道はぬかるんでおり、厚めのブーツを履いてくればよかったと思ったほどです。小路は徐々に傾斜を増し、息が切れるほどの上り坂になりますが、好奇心が私の足をさらに前へと進めます。すると突然、目の前の景色は一変して青空が広がり、私は大きな岩の上に立っていました。

それは素晴らしい景観です。私が見下ろしているのは今歩いてきた森だけでなく、その向こうに小さな村も広がって見えます。遠くにはいくつか丘も見え、それらに挟まれた村々から煙突の煙が立ちのぼっています。これほどの景観を、もしかしたら一生知らないで終わっていたかもしれないのです。

ローマ書八章一八―二五節は、まさにそのような景勝地です。この地点からは、神の被造物全体に対する救済の計画を見渡すことができます。それに気付いた者は、決してそれを忘れることができません。しかし多くの読者が、この地点を足早に過ぎ去ってしまいます。私たちは義認と救済論の理論構築に忙しすぎたのです。私たちは道徳的教えを見逃すまいとして、新鮮な霊の体験、あるいは自らの体験を支持する重要な神学に気を留めませんでした。そして、イスラエルと異邦人との関係を扱う次の数章へと足を速めすぎていたのです。

神が被造物を無益へと閉じ込めること、その隷属状態から救出すること、私たちはそのような表現に気を留めることなく、気が付いたとしてもどのように解釈してよいか分からなかったのです。古い欽定訳（一六一一年初版の King James Version）もこの傾向に荷担していました。「被造物」が「生き物」と訳され、読者はどの生き物か戸惑うだけでした。したがって、素晴らしい景観へと通ずる小路は、雑草や蔓に覆われていたわけです。私たちはこれを、「奇異な黙示的（この世的でない）言い回し」として片付けて、他の道へと足早に進みました。しかし、私たちが足を止めて見渡すべきはこの地点でした。

慎重に構成を考えつつローマ書をここまで書いてきたパウロが、議論の佳境に至ったところで、急にここまでの議論と無関係な脇道にそれることがあるでしょうか。決してありません。このペリコペは、ローマ書の頂点とも言うべき八章の中でも、さらにその頂きです。ここがまさに佳境です。したがってこの箇所は、パウロの思想において非常に重要なものです。

本ペリコペは、前ペリコペの最後に登場した「苦しみ」という主題を取り上げ、現在の苦しみがどれほど苛烈なものだとしても、それは「のちに私たちのために現れる栄光と比べるならば価値のないものだ」と述べます。ここで注目したいのは、パウロが「私たちにとっての」と言わないことです。つまり栄光とは、私たちが自分の見栄えの良さを喜ぶことではないのです。また「私たちに対して」とも言いません。つまり栄光とは、花火のように私たちの目の前に提示される景色ではないのです。栄光とは、全被造物に対するメシアの全能なる支配を指し、私たちがその責任を共有することです。その私たちのための栄光、私たちがメシアと共に統べ治めることを、全被造物が待ち望んでいるのです。この神の子どもたちのための栄光が現れるのです。そのとき被造物は真の支配者に見《まみ》え、腐敗と堕落から完全に解放されるのです。

これを理解するために、私たちは聖書の創造物語に立ち戻りましょう。私たちが被造物を見渡すとき、その様子はイスラエルの子たちがエジプトに奴隷として取られていたときと同じ状態です。ちょうど神が、イスラエル人をエジプトへと下らせ、そののちにそこから解放したように、神は自然をも一年のサイクルに置いて、夏から冬へ、成長から腐敗へ、誕生から死へと閉じ込めました。自然のサイクルは美しいものですが、そこには涙があり、肩を落とす人々の姿があります。被造物が崩壊する現場、例えば地震の断層や活火山の噴火口を目の当たりにすれば、そこには命を奪う力が満ちています。それは檻に囲まれたバッファローのようで、その力は何も生み出さず、ある種の無意味な力と言えるでしょう。私たちはそこに今でも神の力と栄光を見ることができますが（ロマ一・二〇）、それでも今の状態があるべき姿ではないのです。神はその契約に対する誠実さをもって、この全被造物をもう一度正しい姿へと変えるのです。これが何を意味するか、私たちは本ペリコペにおいて知ることになります。

人類は被造物に対して責任を負いました。人類が神の代わりに被造物の一部を崇拝し始めたとき（一・二一―二三）、被造物は絶望へと進みました。神はこの隷属状態を許したのですが、それは被造物がそれを望んだからではなく、本来の意志に従ってやがてそれを正しい姿へと戻すことを神が決めたからです。それはちょうど、イスラエルが神に背いたとき、神は計画を変更するのではなく、誠実なイスラエル人であるメシアを送ったようなものです。神の本来の計画によると、人類は神の支配のもとで被造物に対する管理を任されたのです。ですから、いくつかの翻訳が示唆するように、被造物が神の子らと自由を分かち合うというのではありません。神の子らが栄光を受けるときに生じる利益を、被造物が待ち望んでいるのです。神の栄光の姿を身にまとう神の子らが正しい管理をすることによって受ける恩恵を、被造物は心から待ち望んでいるのです。

この創造秩序の回復は、将来における希望と、現代における責任を、私たちに示しています。私たちを待ち受けるのは、身体を離脱した非物質的な「天国」ではなく、この被造物の再創造です。これは被造物を肯定する世界観でありながら、偶像崇拝や悪への批判を欠く恐れのある汎神論とは異なります。

パウロは将来を見据えつつ、神の子らの現在の立ち位置について考察します。パウロによると、私たちは約束された復活の体を受け取るときを、すなわち完全で最終的な贖いを受ける時を待ち望んでいるのです。しかし私たちがこの将来を待ち望むならば、将来の栄光と現状とのあいだにあるギャップにため息をつくことでしょう。このギャップは、私たちの内に霊が宿りながら、私たちに最終的で完全な刷新が遂げられていないという現実の内に要約されています。ですからパウロは、霊の命を「初穂」という農耕に関わるメタファで表します。それは、これから期待される大きな収穫を前にして、神に献げられる最初の収穫の実を意味します。まだ見えない完全な収穫を望む農夫のように、キリスト者は将来の贖いを望むのです。呻きつつため息をつきつつ、ときとして心をはやらせながらも、忍耐強く待つのです。これが終末におけるキリスト者のあり方です。

この注目すべきペリコペの中心に、パウロは出産の苦しみという生々しい描写を登場させます。全被造物が出産の苦しみを体験しており、神の新たな世界の誕生を待ち望んでいます。教会はこの苦しみと望みとを共有するように召し出されたのであって、苦しみから逃れるように脱出したのではありません。世界が苦しむそのただ中で、祈り深くあるのです。これが私たちに与えられた、神の新たな創造における役割なのです。

八章二六―三〇節　祈り、子としての立場、神の主権

[26]同様に、霊も私たちの側で私たちの弱さを支えてくれます。私たちはどのように祈るべきかを知りませんが、この同じ霊が私たちに代わって、言葉にならない深い呻きの声をもって願い求

めます。27そして心を探る方は霊の思いをご存知です。なぜなら霊は、神の意志に従って神の子
らのために願い求めるからです。
28神がすべてを働かせ、神を愛する者、つまり神の目的に従って呼び出された者にとって良い
業をなしてくださいます。29神があらかじめ知っておられた者を、神はまた神の子の似姿へと形
作るようにあらかじめ定めています。それは私たちが大家族において初穂となるためです。30神
はあらかじめ定められた者を呼び出し、呼び出された者を義とし、義とされた者に栄光を与えま
す。

あなたは神を示す語をどれほど思い浮かべることができるでしょうか。旧約聖書における神の正式な名はヤハウェです。しかし同時に、「全能者」「イスラエルの聖なる者」「万軍の主」とも呼ばれます。神はまた「アブラハムの神」とも呼ばれ、アブラハム以外にもイサクやヤコブがそれに連なることもあります。珍しいところでは、ヤコブが神を「父イサクの畏れ」（創三一・四二、五三）と呼びますが、これはその次の章でヤコブが神と格闘するまで続きます。

新約聖書において神がどのように呼ばれているかを調べることも価値のある試みです。ヨハネ福音書においては、イエスが自らの使命に照らし合わせた神の呼び名を用います。すなわち、「私を遣わした父」です。ローマ書においては、「イエスを死者のあいだから甦らせた方」（四・二四、八・一一）、あるいはそれに準ずる呼び名で神が示されます。本節においては、より神秘的な称号が登場します。それは、「心を探る方」です。これは私たちに慰めと緊張とを同時に与える名ですから、もう少しこ

の名の重要性について考えてみましょう。

神が全人類の秘め事をすべて裁くことは、既述のとおりです（二・一六）。パウロは、外見が整っているユダヤ人ではなく、「心の中で」ユダヤ人である者を神が称賛するのだ、と述べます（二・二九）。八章二七節はこの点をさらに説明します。「探る方」という語の本来のニュアンスは、松明を灯してそれを掲げ、暗くて大きな部屋をゆっくりと進みつつ、何かを探し当てようとしている人です。あるいは、真っ暗な部屋で音だけを頼りに何かを探している様子です。何を探しており、見つかったら、どうするというのでしょう。

神が私たちの心の内を探るならば、私たちが隠しておきたい諸々の秘め事に行き当たることでしょう。しかし、神が私たちの心の内で何よりも探し求めているのは何でしょう。それは、パウロがすべてのキリスト者の内に見出されると述べるものです。それは、霊の呻《うめ》く声です。

前ペリコペでは、新たな創造にあたって全世界が出産の苦しみを共にしており、呻き声を上げていることが、述べられていました。教会もこの一部として呻き声を上げるのですが、それは「すでに」得ている初穂としての霊と「いまだ」現実とは言えない道徳的完成とのあいだにあるギャップのためです。教会は、この世の苦しみから隔絶されているのではありません。神自身がこの苦しみから隔絶されておらず、むしろそのただ中に霊として宿っているのです。

パウロの聖霊理解は、この点で新しいものです。私たちが祈りに窮するそのただ中で、霊が働いています。霊は私たちの内から明確な言語を引き出すのではなく、言葉にならない呻き声を引き出します。これは祈りを超えた祈りであって、私たちの心の奥深くに潜む声です。

しかし心を探る方はその声を聞き逃しません。パウロの神理解によると、すべてを超越する創造主は、その民の心に宿る霊と絶えず深くつながっています。私たちが霊の声を理解することがなくても、神はそれを理解します。神は、私たちが苦しい呻きとしてのみ知りうるものの真意を理解し、それに親しく耳を傾け応えます。教会は、父と霊とのあいだにある呻きと愛と贖いに満ちた会話としての祈りに参加することが求められているのです。

　これこそが、今の時代における「栄光」ある支配の意味するところです。メシアと苦しみを共にして栄光を受けるとは、迫害等によって身体的な苦しみを味わうことでもあるでしょう（八・三五―三六）。不正に満ちた今の時代にあって、真の神を礼拝することが、このような身体的暴力に晒される場合もあることは確かです。しかし八章二六―二七節が描く祈りもまた、新たな創造を待つ今の時代に対して責任を持つという意味において、メシアと共に苦しむことと見なされます。この世界には、ただ神の前で静かにただずみ、霊が呻くに任せなければならない場面も多いのです。心を探る方はその呻きに親しく聞くのです。このような祈りもまた、メシアの苦しみにあずかることです。

　このようにして私たちが神の子に倣うことは、神が本来意図するところです。この種の祈りは、私たちが形作られる過程です。このように外見ではなく内面に満ちる愛と祈りにおいて、私たちが神の子として形作られるならば、私たちは神がすべてを支配しており、何が起こっても神がそこから良いものを導き出すと確信することができるのです。多くのキリスト者が八章二八節を暗誦しつつ、逆境の中にあっても神に希望を抱きながら信頼することを学びます。この世界は呻き続け、私たちも共に呻きますが、神も私たちと共にいて呻きつつ、私たちのこの体験から良いものを引き出すのです。

この確信は、神の救済計画に関するパウロの印象的な言説（二九―三〇節）へとつながります。旧約聖書のイスラエルと同様に、キリストをとおして神との交わりを得たものは、神によって「あらかじめ」知られたものです。彼らが神を選んだのではなく、神が彼らを選んだのです。この奥義に関して、パウロはここでも、あるいは他所でも、掘り下げることをしていません。その代わりに、この選びの目的について述べます。それはすなわち、彼らが「神の姿」を正しく示すイエスのあり方に形作られることであり、それは何よりも彼らが真に人として形作られることなのです。

八章三〇節は、神が御子のあり方を共有する者たちを呼び出し、そのあいだに留まってこの世に働きかけるための、一つ一つの道のりを示しています。この働きかけのため、定められた者は「呼び出され」ます。パウロはこの「呼ぶ」という語を専門用語として用いていますが、それは福音が語られたときに人の心に**信仰**をもたらし、**洗礼**を促し、霊によって神への愛を満たすことを指す語です。福音がこのようにして信仰をもたらすとき、神はその人を真の家族員として宣言しますが、それが「**義認**」の意味するところです。そしてその目的は栄光を受けること、すなわちメシアの支配を共有し、全被造物に対して贖いをもたらすことです。このペリコペ全体が、私たちに神の主権を教えていますが、それはまた、この主権が絶えず愛の内に示されることを教えています。

八章三一―三九節　神の愛から私たちを引き離すものはない

[31]これらすべてに関して何と言いましょうか。もし神が私たちのためにおられるなら、誰が私
たちに敵対するでしょう。[32]神はご自身の子を惜しまず、私たちのために無償で与えられました。
それならば、神は私たちにすべてを無償で与えられないのでしょうか。[33]神が選んだ者に対して、
誰が訴え出るでしょうか。彼らを正しいと宣言したのは神自身です。[34]誰が罪に定めるでしょう
か。メシアであるイエス自身が死んで、また甦らされました。この方は神の右に座し、私たちの
ために祈っています。[35]誰が私たちをメシアの愛から引き離すでしょうか。苦しみ、困難、迫害、
飢餓、裸、危険、剣でしょうか。[36]聖書が述べるとおりです。「あなたがたのために、私たちは一
日中死に晒され、屠られる羊のように見なされていました」。
[37]いいえ。私たちを愛した方によって、私たちはこれらすべてのことにおいて完全に勝利して
います。[38]私はこのように確信します。死も命も、天使も支配者も、現在も将来も、力も[39]高さも
深さも、その他どのような被造物も、主イエスにある神の愛から私たちを引き離すことはありま
せん。

私たちは、戦争、テロ、その他の暴力による被害の報告に心を痛めます。一九八〇年代にレバノンで人質に取られた人たちは、一度ならず複数回にわたって、目隠しをされて連行され、「お前たちは死ぬのだ」と脅されました。銃を頭に突き付けられ、その緊張に耐えきれず崩れ落ちると、嘲られ、蹴られ、牢に戻されます。その安堵が、明日また同じ目に遭わされるという恐怖と混ざり合う、それは想像を超えた狂気です。解放された人たちが朝目覚めたとき、もはや自由で、敵の手が届かない安

全なところにいるという実感を得るには、何か月も何年もかかることでしょう。

同様の解放を体験した女性の話が、ヨハネ福音書に登場します。イエスは、姦淫の現場で取り押さえられた女を石打ちの刑にしようとする独善的な男たちに対峙します（ヨハ八・一―一一）。女性は地面に跪き、最初の石が彼女の頭を砕くのを震えながら待っています。死のみがこの恐怖から自分を解放してくれる。しかし何も起こりません。彼女が顔を起こすと、そこには誰もいません。罪のない者が最初に石を投げよ、というイエスの挑戦に恥じ入った者たちは、もう去ってしまいました。あなたを罪に定める者はいない、というイエスの声のみが残ります。

同様の安堵が、本章の終結部に待っていました。私たちの罪を咎める者がいないかと見渡しますが、誰も見当たりません。四度、たずねます。四度、答えが返ります。「誰が私たちに敵対するか」。「誰も敵対しない」。自分の子を私たちのために献げた神は、私たちのためにすべてを与えます。「誰が私たちを告発するのか」。「誰も告発しない」。神は私たちをすでに義と認め、私たちを正しいと宣言しました。「誰が私たちを罪に定めるのか」。「誰も罪に定めない」。イエスが死に、甦らされ、高く上げられ、私たちのために執り成しています。「誰が私たちをキリストの愛から引き離すのか」。「誰も引き離しはしない」。すでに勝利の歓声が挙がっており、何ものもイエスにある神の愛から私たちを引き離すことはできません。

本ペリコペは、ローマ書五―八章の主題の要約です。パウロはここまでの議論の要点を箇条書きにするのでなく、修辞的な表現としてまとめています。神がなしたことを見よ、メシアがなしたことを見よ。周りを見渡して、あなたがたを恐怖に陥れた者、神の愛からあなたがたを引き離そうとした者がどこにいるかを知れ。十字架と復活によって示された神の力強い愛ゆえに、彼らはみな敗走したのだ。立ち上がって喜び、踊り出して神の勝利を喜び祝え。ローマ書八章のこの終結部を、私たちは心に深く刻まれなければなりません。

この終結部は、丁寧に噛みしめ、その意義を味わうべきです。ローマ書五章以降、パウロの議論は確証を与えるためのものでした。神の愛と救いを確信するとは、なんと都合の良い、なんと高慢で、なんと自己中心的なことか、と批判されがちです。この批判の棘は取り除かれました。「神が私たちのためにおられる」（八・三一）という宣言は、戦に出かける向こう見ずな兵士の威勢のよい雄叫びのように聞こえるかもしれません。しかし、困難、迫害、危険、死に遭遇した使徒の言葉となれば、話は別です。希望が失望に終わることはない（五・一―五、八・一七参照）という宣言は、メシアと苦しみを共にする者の言葉としてのみ重みがあります。

ローマ書前半では義認の意味に焦点が置かれがちです。神はその福音を信じて受け入れる者を正しいと宣言します。そして誰も、この正しいという判決を覆すことはできません。信仰による義認は、私たちが確証を得る根拠です。しかし私たちは、信仰義認という教理を受け入れたので正しいと宣言されたわけではありません。十字架にかかって復活した主を信仰をとおして受け入れたので、正しいと宣言されたのです。私たちが義認を理解するとき、私たちが獲得するのは義認ではなく救いの確証です。福音をとおして私たちを呼び出された方は、私たちをその家族員として迎え入れられたので、この関係は決して変わりません。このペリコペは最後の審判の日を見据えており、ローマ書二章において始まった主題を完結させます。神は、信仰を根拠としてすでに下した判決を、最後の日に再確認するのです。

ここには、メシアの役割に関して、パウロが他所で述べていない事柄も見出されます（これは、パウロが現存する手紙において前提としながらも書き記さなかった事柄が、他にも多くあることを推測させます）。すなわち、イエスは死と復活と高揚とを経て、今現在、父の右の座で執り成しの祈りをしているということです（八・三五。ヘブ七・二五、九・二四、Ⅰヨハ二・一、使七・五五参照）。この事実は、パウロを含め、福音に従って生きるすべての者にとって、心の慰めとなります。

パウロは書簡執筆において、そして特にローマ書において、ユダヤ教聖典をその根拠として用います。八章三二節においては、アブラハムによるイサク献納物語が意識されていますが、これはユダヤ人にとって契約関係の開始を象徴する出来事です。パウロによると、神はアブラハムがなしたことを繰り返しているのです。しかし、それ以上のことです。三三―三四節では、イザヤ書五〇章四―九節にある「僕の歌」が意識されています。イエスが僕として描かれ、キリスト者もまた世界で福音を体現する者として、この僕の一人として数えられます。

三六節では詩編四四編二二節が引用されます。これは苦しみの中での神への不平です。この苦しみは、イスラエルの不誠実のためではなく、イスラエルが誠実さゆえに味わった苦しみです。ここには、イザヤ書の「僕の歌」にも共通する真理があります。すなわち、神は苦しみをとおして救いをもたらし、人は苦しみをとおったからこそ救いに意義を見出すのです。コロサイ書一章二四節にもあるように、神の民の苦しみは神の計画の一部です。それはメシアの業に欠けがあるという意味ではなく、メシアの業に私たちが参画するということです。この真理を信じる者は、「私たちを愛した方によって……すべてのことに対して完全に勝利しています」。

この愛は、あとづけの主題ではなく、ローマ書前半をとおしてすべての基盤となるものです。ローマ書五章においては、イエスの死において神の愛が提示されました。この愛を本ペリコペが引き継いでいるのです。愛はその性質上、愛される者と堅く結び付くので、パウロはローマ書前半の終結部において、「主イエスにある神の愛から私たちを引き離すことはありません」と宣言できるのです。

訳者あとがき

本著は Tom Wright, *Paul for Everyone Part 1: Romans Chapter 1–8* (London: SPCK, 2004) の翻訳です。著者に関しては、冒頭の「日本語版刊行の言葉」で述べましたので、ここでは簡潔にこの巻の特徴を述べるに留めましょう。かねてより新約聖書全体のメッセージをイスラエルが神へと回復される物語として捉えるライト氏は、このローマ書前半部の講解においても、パウロの教えをイスラエルの伝統——とくに創造秩序の回復と出エジプトの記憶——という基礎の上に建てられた建造物のように捉え、ローマ在住のキリスト者を意識しつつその建物の外壁素材が選ばれているというような論理の進め方をしています。とくにローマ人が慣れ親しんだローマ法を意識しつつ展開されたパウロの救済理解に、義や義認といった用語が頻出するという説明は説得力があると思われます。また、手紙開始部から神の霊の影をちらつかせながらも、トランプのジョーカーのように大切に手許に残して、ローマ書八章において一気にその存在感が開花する様子を、読者の皆さんは驚きをもって目の当たりにすることでしょう。

ライト氏は熟練の説教者のように、各単元を始めるにあたって、かならず私たちに身近な日常の話題を持ち込みます。おうおうにしてこれらの逸話が英国の文化・社会に特有なものなので、シリーズの翻訳者たちにとっては〈ありがた迷惑〉なところもありましょうが、英国で長く生活した私にとっては、どの逸話も懐かしい生活風景であり、文化の違いを跨ぐための苦労しつつも楽しく翻訳を進めることができました。読者の皆さんは、この第一級の新約聖書学者が、しかしこのように日常の生活に深く根を下ろしながら物語を紡いでゆくスタイルに引き込まれていくのではないかと思います。そして本著が皆さんの日常の信仰の営みに大きな励ましと指針を提供することを期待します。

翻訳原稿に目を通してくれた本務校の研究科（卒業）生の森美由紀さん、また編集の労をとってくださった教文館の髙木誠一さんに心からの感謝を申し上げます。

二〇二一年初春

浅野淳博

用語解説

安息日（sabbath）

ユダヤ教の安息日，つまり週の 7 日目は万物創造（創 2.3，出 20.8–11）と出エジプト（申 5.15）とを記念する日である。安息日は，割礼や食事規定と共に，古典後期の異邦人世界にあってユダヤ人のアイデンティティを象徴する重要な事柄であり，この遵守にまつわる細則がユダヤ律法において大切な位置を占める。

命，魂，霊（life, soul, spirit）

古代人は，人が他の生き物と比べて特別である理由をさまざまな仕方で説明した。ユダヤ人を含む多くの人々は，人が完全であるために，身体だけでなく内的自己を有している必要があると考えた。プラトン（前 4 世紀）の影響を受けた人を含む多くの人々は，人が「魂（プシュケー）」という重要な要素を有し，これが死によって肉体という牢獄から解放されると考えた。ユダヤ教の思想を継承する新約聖書においては，「プシュケー」が「命」あるいは「真の自己」を意味し，霊魂／肉体という二元論的な理解をしないので，これが現代人読者を混乱させてきた。体験や理解など人の内的存在が「霊」と表現される場合もある。**聖霊**，**復活**をも参照。

異邦人（Gentile）

ユダヤ人は，世界をユダヤ人と非ユダヤ人とに分けて考えた。非ユダヤ人を表すヘブライ語「ゴイーム」は，民族アイデンティティ（ユダヤ人の祖先を持たない）と宗教的アイデンティティ（唯一真なる神**ヤハウェ**に属さない）という両面の意味を持つ。ユダヤ人――特にディアスポラのユダヤ人（パレスチナ以外に住むユダヤ人）――の多くは，異邦人と良好な関係を保っていたが，公には異民族間婚姻の禁止などのしきたりを守っていた。新約聖書で用いられる「エスネー（諸国）」という語は「ゴイーム」と同様の意味を持ち，これが「異邦人」と訳されている。イエスを信じる異邦人が割礼を受けることなく，キリスト者の共同体においてユダヤ人と同様に完全な立場を有するということ，それがパウロの絶えず強調した点である。

永遠の命（この世を参照）（eternal life, cf. present age）

エッセネ派（死海文書を参照）（Essenes, cf. Dead Sea Scrolls）

割礼（circumcision）

包皮の切除を意味する。男性の割礼はユダヤ人としてのアイデンティティを明示するしるしで，アブラハムへの命令（創 17 章）に始まりヨシュアによって再確認された（ヨシュ 5.2–9）。エジプト人など他の民族のあいだでもある種の割礼の伝統は見られた。もっとも，申命記（30.6 参照）に始まり，エレミヤ書（31.33 参照），**死海文書**，そして新約聖書（ロマ 2.29）が共通して「心の割礼」という表現を用いることから分かるように，この儀礼は神の民が聖別されるための内面的な姿勢を象徴的に表した外見的な儀礼である。近隣の民族やその文化に同化する目的で，ユダヤ人の中には割礼のしるしを外科手術によって取り除く者もあった（Ⅰマカ 1.11–15）。

神の王国，天の王国（kingdom of God, kingdom of heaven）

いくつかの詩編（99.1 参照）や預言書（ダニ 6.26 参照）によると，イスラエルの神ヤハウェの王権，主権，あるいは救済的支配を指す。ヤハウェは創造神なので，この神が自らの意図する王となるとき，それは被造物に正しい秩序をもたらし，その民イスラエルを敵から救出する。イエスの時代には，「神の王国」やそれに準ずる表現が，革命と抵抗のスローガンとして広く用いられていた。イエスによる神の国の宣告は，これらのスローガンを再定義し，イエス独自の理解を表明することであった。王国へ「入れ」というイエスの呼びかけは，待ち望まれた神の救済的支配の始まりであるイエスの活動とイエス自身へ所属することを促す。イエスにとって王国の到来は一度で完成するものではない。それはイエスの公的活動，イエスの死と**復活**，また終末の完成という各段階を経て到来する。マタイは「天の王国」という表現を用いるが，これは「神」に対して「天」という婉曲表現を用いるユダヤ教一般の感性に倣っている。これは「天国」という場所を指しているのでなく，イエスとその業をとおして神が王となることを意味する。パウロはイエスをメシアと呼ぶが，これはメシアがすでに王国を支配しており，やがて父にその支配を明け渡すことを意識している（Ⅰコリ 15.23–28。エフェ 5.5 参照）。

神の子（son of God）

「神の子」は本来，イスラエル（出 4.22），ダビデ王とその継承者（詩 2.7），また古の天使的な生き物（創 6.2）を指した。新約聖書の時代までに

は，この語がメシアを示す語として用いられるようになっていた（例えば死海文書）。福音書においてイエスが「神の子」と呼ばれる場合，それは「メシア」を意味しており，イエスを神として捉えているわけではない。もっともパウロ書簡においては，この意味への移行が見て取られ，「神の子」は，神と等しい存在でありながら，神によって人またメシアとして遣わされた者である（ガラ 4.4 参照）。

犠牲（sacrifice）

古代人の多くがそうするように，イスラエルはその神に対して動物や穀物を犠牲として献げた。他の民族との違いは，何をどのように献げるかに関して非常に詳細な規則が記述されたことである（その大部分はレビ記に見られる）。そしてこれは，200 年頃執筆されたミシュナにおいて確立される。旧約聖書は，犠牲がエルサレム神殿でのみ献げられることを明示している。70 年に神殿が崩壊すると犠牲はなくなり，ユダヤ教は以前から実施していた祈り，断食，施しをその代用として確立させた。初期のキリスト教は犠牲にまつわる表現を，聖め，宣教，聖餐等との関連でメタファとして用いた。

奇跡（miracles）

特にエリヤやエリシャら古の預言者のように，イエスは多くの著しい力ある業——特に治癒——を行った。福音書はこれらを「業」「しるし」「不思議」などと表現する。「奇跡」という語は，閉じられた宇宙の「外」にいる神が「介入する」ことを意味するが，これは一般に閉じられた宇宙観を前提とする原理に基づいて否定される。しかし聖書においては，「力ある業」は不在者の侵入ではなく，臨在する神のしるしと見なされる。特にイエスの預言に続く「力ある業」は，彼がメシアであることを証明する（マタ 11.2–6）。

来たるべき世（この世を参照）（age to come, cf. present age）

義認（justification, justified）

神が，全世界の審判者として，普遍的な罪にもかかわらず人を正しいと宣告すること。最後の審判は各人の全生涯に基づいて将来なされるが（ロマ 2.1–16），義認という宣告はイエスのなした業——十字架において罪がすでに取り扱われたこと——をとおして，今の時代においてなされる（ロマ 3.21–4.25）。義認を享受する手段は信仰である。これは，ユダヤ人と異邦人とが共に，神がアブラハムへ約束した家族の構成員となることを意味

する。

キリスト（メシアを参照）（Christ, cf. Messiah）

悔い改め（repentance）

　文字どおりには「引き返すこと」を意味する。旧約聖書とそれに続くユダヤ教資料においては，個人的に罪から離れること，またイスラエル全体が偶像崇拝から離れてヤハウェへの誠実さを取り戻すことを意味する。いずれの場合も，「**捕囚**からの帰還」というユダヤ人の体験と結び付いている。イスラエルが引き返すべき場所は**ヤハウェ**である。これが**洗礼者ヨハネ**とイエスとの説教が命じるところである。一般にパウロ書簡においては，異邦人が偶像から離れて真の神に仕えることを指し，また罪を犯し続けるキリスト者がイエスに立ち返ることをも表す。

クムラン（死海文書を参照）（Qumran, cf. Dead Sea Scrolls）

契約（covenant）

　ユダヤ教信仰の中心には，唯一神であるヤハウェが全世界を創造し，アブラハムとその一族とを選んで特別な関係を結んだ，という確信がある。神がアブラハムとその一族とに対して告げた約束と，その結果として彼らに与えられた条件は，王とその臣民，あるいは夫婦のあいだの合意になぞらえられた。この合意に基づく関係性が「契約」という語で表現され，それには約束と**律法**が含まれる。この契約は，シナイ山において**トーラー**の授与というかたちで，申命記では約束の地に入る前に，またダビデ王とのあいだで（詩 89 編参照）再確認された。エレミヤ書 31 章では，捕囚という罰のあと神がその民と「新たな契約」を結び，彼らを赦してより親しい関係性を築く，という約束がもたらされた。イエスは，自分による**王国**到来の宣言と死と**復活**とによってこの約束が成就すると考えた。初期のキリスト者たちはこの考えにさまざまな解釈を行い，イエスのうちにこれらの約束が成就するという理解を共有した。

ゲヘナ，地獄（Gehenna, hell）

　ゲヘナとは文字どおりには，エルサレム南西の傾斜にあるヒノムの谷のことである。古の時代から，ここはごみ捨て場であり，燻る火が絶えなかった。すでにイエスの時代には，死後の罰を受ける場所を人々に想像させるためゲヘナが譬えとして用いられた。イエスがこの語を用いるとき，2 つの意味が込められていた。1 つはエルサレム自体への警告であり，エル

サレムが悔い改めなければ街全体が燻るごみの山と化すということである。もう 1 つは，より一般的な神の最後の審判への警告である。

言葉（良き知らせを参照）（word, cf. good news）

この世（時代），来たるべき世（時代），永遠の命（present age, age to come, eternal life）

イエスの時代のユダヤ人思想家たちは，歴史を 2 つの時代へと分けていた。すなわち「この世（時代）」と「来たるべき世（時代）」である。後者はヤハウェが悪に対して決定的な審判を下し，イスラエルを救い，正義と平和とを保証する新たな時代である。初期のキリスト者たちは，来たるべき世の完全なる祝福はまだ将来にあるが，イエスの死と復活をとおしてそれはすでに開始しており，すでにキリスト者は信仰とその象徴である洗礼をとおしてその中に入れられると考えた。「永遠の命」とはたんに終わりのない存在が続くことではなく，来たるべき世における命を指す。

祭司，大祭司（priests, high priest）

モーセの兄アロンがイスラエル最初の祭司に任命されると（出 28–29 章），彼の子孫がイスラエルの祭司職を務めるという理解が定着した。同じ部族（レビ族）の他の構成員は「レビ人」と呼ばれ，犠牲以外の祭儀を執り行った。祭司たちはイスラエルの民のあいだに住んで，それぞれの地で教師としての役割を果たし（レビ 10.11，マラ 2.7），当番の年にエルサレムに移り**神殿**での義務を果たした（ルカ 2.8 参照）。**ダビデ**王がツァドクを大祭司として任命してから（彼がアロンの血筋を受け継ぐか疑われる場合がある），その一族が上級祭司職を受け持つことになる。おそらくこれが**サドカイ派**の起源であろう。**クムラン**のエッセネ派に関しては，正統な祭司長職を主張する反体制的な集団であると説明される。

再臨（パルーシア）（parousia）

文字どおりの意味は「不在」の反語としての「臨場，参席，列席」であり，パウロはときとしてこの意味で用いる（フィリ 2.12）。ローマ世界においては，例えば皇帝が支配地や植民地を訪れる際の訪問儀式を指して用いられた。天の主は教会に対して「不在」ではないが，再臨における主の訪問（コロ 3.4，Ｉヨハ 3.2）は，皇帝の訪問のようであり，パウロはこの意味でパルーシアを用いる（Ｉコリ 15.23，Ｉテサ 2.19 等）。福音書では，マタイのみがこの語が用いる（24.3，27，39）。

サタン，告発する者，悪魔（Satan, ‘the accuser,’ demons）

聖書は「サタン」として知られる存在に関して詳細を語らない。ヘブライ語の意味は「告発する者」である。ときとしてサタンは，いわばヤハウェの天における評議会構成員として，罪人の訴追という役割を負っているようにも見受けられる（代上 21.1，ヨブ 1–2 章，ゼカ 3.1–3）。一方でサタンは，エデンの園のヘビと見なされたり（創 3.1–5），天から閉め出される明けの明星と表現される（イザ 14.12–15）。多くのユダヤ人は，人の悪行や社会悪の背後にある人格化された悪の源としてサタンを理解し，その力がある程度自立した存在である「悪霊」をとおして影響を及ぼしていると考えた。イエスの時代には，「ベルゼブル（ハエの主）」あるいは「邪悪な者」などの名がサタンに付された。イエスはその弟子たちに，サタンの欺きに対して注意喚起している。イエスの反対者たちは，イエスをサタンの仲間として非難した。しかし初代のキリスト者たちは，誘惑への抵抗（マタ 4 章，ルカ 4 章），悪霊追放，そして死（Ｉコリ 2.8，コロ 2.15）をとおして，イエスがサタンを敗走させたと考えた。黙示録 20 章はこの究極の敵に対する決定的な勝利を約束するが，キリスト者にとってはいまだサタンの誘惑は現実のものであり，それに対する抵抗が続いている（エフェ 6.10–20）。

サドカイ派（Sadducees）

イエスの時代までには，**ダビデ王**の時代に**大祭司**を務めたツァドクの一族に起源がさかのぼると言われるサドカイ派が，ユダヤ社会において貴族階層を形成していた。指導的な立場にある祭司が輩出する諸家を構成員とするサドカイ派は，エルサレムを拠点として独自の伝統を守りつつ，**ファリサイ派**の圧力に対して抵抗していた。彼らは権威の根拠としてモーセ五書のみを認め，死後の生や復活，またそれらと関連する思想を否定した。おそらくそれは，これらの思想が革命的運動につながりかねないことを恐れたからだろう。サドカイ派の資料は——シラ書（集会の書）と呼ばれる黙示書がサドカイ派の資料でないかぎり——現存しない。サドカイ派は 70 年のエルサレムと神殿の崩壊とともに消滅した。

死海文書（Dead Sea Scrolls）

1940 年代にクムラン（死海の北東部）周辺で発見された文書資料群で，非常に良い状態で保存されているものもあれば，著しく断片的なものもある。これらは現在ほぼすべて編集され翻訳されて公開されている。これらの資料は，前 2 世紀中頃に成立し 66-70 年のユダヤ戦争に至るまで続いた厳格な隠遁者集団（おそらく**エッセネ派**）の図書館に所蔵されていたと考

えられている。これらの文書（巻物）は，現存する最古のヘブライ語とアラム語の聖典テクスト，共同体の規則，聖典の注解，賛歌，知恵書等からなる。これらの資料は，イエスの時代に存在した一ユダヤ教宗派に光を照らし，当時のユダヤ人の少なくとも一部がいかに考え，いかに祈り，いかに聖典を読んだか，われわれが知る手がかりを与えている。さまざまな解釈は試みられているが，これらのテクストが洗礼者ヨハネ，イエス，パウロ，ヤコブ，あるいは初期キリスト教一般に言及しているとは考えられない。

地獄（ゲヘナを参照）（hell, cf. Gehenna）

使信（良き知らせを参照）（message, cf. good news）

使徒，弟子，12 弟子（apostle, disciple, the Twelve）
「使徒」は「遣わされた者」を意味する。大使や使節を意味することもある。新約聖書では，ときとしてイエスに近い内部集団を指す場合もある。使徒の条件としては，復活したイエスに個人的に出会ったことが挙げられるが，パウロは自分自身をも含めて 12 弟子以外の同労者を指して「使徒」と呼ぶ場合がある。イエスが 12 人の側近を選んだことは，神の民であるイスラエル（の 12 部族）を再興する計画を象徴している。イスカリオテのユダが死んだ後に（マタ 27.5，使 1.18），その欠員を埋めるべくマティアがくじによって選出され，その象徴的意義が保たれた。イエスの公的活動期には，彼らを含めた多くの追従者が「弟子」とみなされたが，これは「徒弟」や「門人」ほどの意味である。

出エジプト（Exodus）
出エジプト記によると，イスラエルの民はモーセの導きによってエジプトでの長い隷属状態から解かれた。創世記 15 章 13 節以下によると，これは神がアブラハムに与えた契約における約束内容の一部だった。出エジプトという出来事は，イスラエルが神にとって特別な子であることを，イスラエルの民とエジプト王ファラオに対して明らかに示した（出 4.22）。イスラエルの民は 40 年にわたって，雲と火との柱をとおして神に導かれつつシナイ半島の荒野を放浪した。この長旅の初期には，シナイ山において**トーラー**が与えられた。モーセが没してヨシュアが指導者となると，民はヨルダン川を渡り，約束の地カナンに進行し，ここを征服した。この一連の出来事は，過越祭やその他の祭儀によって毎年記念され，イスラエルが一つの民として確立されたという鮮明な記憶を刻むのみならず，**ヤハウェ**が創

造神であり解放者であるという神信仰を形成した。そしてその後の歴史においてイスラエルが再び隷属状態――特に**バビロン捕囚**――に置かれると，彼らは新たな出エジプト，すなわち新たな解放の訪れを期待した。おそらく，これほどに後1世紀のユダヤ人の想像を刺激する過去の出来事は他になかっただろう。初期のキリスト者たちもこれに倣い，イエス自身の教えに従いつつ，彼らが経験するさまざまな危機的あるいは重要な局面において，出エジプトの記憶から意義と希望を見出そうとした。彼らは出エジプトをとおして，イエスの死と**復活**に関する信仰を形成することとなる。

信仰（faith）
　新約聖書における信仰は，人の信頼と信頼性という広い領域を指す語であり，一方では愛，他方では忠誠と深く関わる。ユダヤ教とキリスト教の思想において，神信仰は神に関する真理や神の行為――イスラエルをエジプトから連れ出したこと，イエスを死から甦らせたこと等――の意義に同意することを含んでいる。イエスにとっての信仰とは，イエスをとおして王国をもたらすという決定的な行為に神が着手していることを確信することである。パウロにとっての信仰とは，イエスが主であり神がイエスを甦らせたことを確信すること（ロマ10.9），また神の愛に対する感謝と大いなる愛に溢れた応答を指す（ガラ2.20）。パウロにとってはこの信仰こそが，キリストにある神の民を他と分かつしるしであり，それはトーラーとその諸規定がなしえないことである。

神殿（Temple）
　エルサレム神殿は，全イスラエルのための中心となる聖域としてダビデ王によって計画され（前1000年頃），その子ソロモンによって建設された。この神殿は，ヒゼキヤとヨシヤとによる前7世紀の改革の後，前587年にバビロニアによって破壊された。神殿の再建は前538年バビロン捕囚からの帰還者たちによって開始され，前516年に完成した。これが「第二神殿期」の始まりとなる。前167年にアンティオコス・エピファネスが偶像を持ち込んで神殿を汚したが，ユダ・マカバイが前164年にこれを浄めた。前19年，ヘロデ大王が壮麗な神殿の建設を始めたが，これが完成したのは後64年のことである。しかし後70年，ユダヤ戦争の結果として神殿はローマ軍によって破壊された。多くのユダヤ人が神殿の再建を望んだが，その望みを今でも持ち続ける者もいる。神殿は**供儀**の場所というだけでなく，地上において**ヤハウェ**の臨在が現れる場であり，ここで**天**と地が結ばれる。

聖餐（eucharist）

最後の晩餐における「私を覚えるためにこれを行え」（ルカ 22.19，Ｉコリ 11.23–26）というイエスの教えに従ってキリスト者たちのあいだで行われる食事。「聖餐」とは「感謝」を意味するギリシア語に由来し，イエスがパンを取り，神に感謝を献げてそれを裂き，人々に与えたことに思いを馳せる記念の食事である（ルカ 24.30，ヨハ 6.11）。この食事は「主の晩餐」（Ｉコリ 11.20）あるいは「パンを裂く」（使 2.42）とも表現された。これはのちに「ミサ」（礼拝の最後に告げられるラテン語で「解散（派遣）」を意味する），「聖なる交わり」（パウロは，キリストの体と血とにおける信徒の交わりについて語る）と呼ばれるようになる。この食事に関わるさまざまな行為と要素との厳密な意義に関するのちの神学的論争が，初期キリスト者の生き様と今日の信仰におけるこの儀礼の重要性からわれわれの目を逸らすことがあってはならない。

聖霊（holy spirit）

創世記 1 章 2 節において，霊は神の臨在であり被造物のうちにある力である。この霊が特に預言者に降るとき，彼らは神のために語り行動する。**洗礼者ヨハネ**の**洗礼**において，イエスはその公的活動のために霊による特別な備えを受けた（使 10.38）。イエスの復活以降，彼の追従者たちも同じ霊によって満たされたが（使 2 章），この霊はイエスの霊と見なされるようになった。創造神がその活動を新たにし，この世界とキリスト者とに新たな創造を始めた。霊は彼らが聖い生き方を送ることができるようにしたが，これは**トーラー**がなしえなかったことである。霊は彼らのうちに「実」を結び，神と世と教会に仕えるための「賜物」を与え，将来の復活を確証した（ロマ 8 章，ガラ 4–5 章，Ｉコリ 12–14 章）。教会の非常に早い段階から（ガラ 4.1–7），霊は神理解に重要な役割を持つようになった。例えば，「御子と御子の霊を遣わす神」という神理解がされた。

洗礼（baptism）

文字どおりには，「（水中に人を）突っ込む，浸す」ことを意味する。**洗礼者ヨハネ**は，儀礼的な洗い浄めというユダヤ教の伝統を引き継ぐかたちでヨルダン川において人々に洗礼を授けたが，これはたんに彼が行った数あるユダヤ儀礼の 1 つというのでなく，**神の国**の到来に備えるため人々を**悔い改め**に導くという彼の中心的で独自の活動だった。イエス自身もヨハネの洗礼を受けてその刷新運動に賛同しつつ，イエス独自の意義を確立していった。イエスの弟子は他の追従者たちに洗礼を授けた。イエスの**復活**と**聖霊**授与のあと，洗礼はイエス共同体へ属する一般的な通過儀礼となった。すでにパウロの時代には，洗礼が，出エジプト（Ｉコリ 10.2）またイ

エスの死と復活（ロマ 6.2–11）と結び付けられるようになっていた。

譬え（parables）

旧約聖書以来，預言者や他の教師たちはイスラエルの民を教えるためにさまざまな仕掛けを用いてきた（Ⅱサム 12.1–7）。あるときは幻とその解釈という設定で語った（ダニ 7 章参照）。同様の話法は**ラビ**たちによっても用いられた。イエスもこれらの伝統に独自の特徴を加えつつ，同時代に横行した世界観を切り崩して，自らが抱く神の**王国**への確信へと聴衆を誘った。イエスの語る譬えは，神の王国がたんなる普遍的原理でなく，今まさに起こりつつある現実であることを読者に印象づけた。譬えのうちには，旧約聖書の教えに独自の解釈を加えて，イスラエルの預言者の預言を語り直すものがある（マコ 4 章：「種蒔く者」の譬え，マコ 12 章：「ぶどう園の農夫」の譬え）。

ダビデ（ダビデの子を参照）（David, cf. son of David）

ダビデの子（son of David）

「ダビデの子」は，**メシア**という称号の代用として用いられる場合もある。旧約聖書におけるメシアに関する約束は，しばしばダビデ王の子孫において成就する（サム下 7.12–16，詩 89.19–37）。マリアの夫ヨセフは，天使によって「ダビデの子」と呼ばれる（マタ 1.20）。

魂（命を参照）（soul, cf. life）

弟子（使徒を参照）（disciple, cf. apostle）

天（国）（heaven）

天（国）とは，創造秩序における神の領域を指す（創 1.1，詩 115.16，マタ 6.9）。これに対して，われわれが知る空間，時間，物質の世界は「地」である。したがって天（国）はしばしば神を示す語として代用され，マタイ福音書では「天の王国」という表現が見られる。普段は人の目から隠れている天（国）が啓示されるとき，それは神のあるべき秩序が示されることである（王下 6.17，黙 1.4–5）。新約聖書において天（国）は，神を信ずる者が死後に移行すべき非物質的で非身体的な領域を意味しない。終わりの時に，新たなエルサレムが天から地へと降り，こうして 2 つの領域が永遠に 1 つとなる。「天の王国に入る」とは死後に天国に行くことでなく，この時代における地上の生活を天（国）の目的と基準とに照準を合わせて舵

取りする共同体に属する，すなわち**来たるべき世**に属することである。主の祈りが「天になるごとく地にも」という所以である。

トーラー，ユダヤ律法（Torah, Jewish law）

「トーラー」は，狭義には旧約聖書の最初の五書を指すので，「モーセ五書」と呼ばれる。これらの書の多くの部分は律法の記述に割かれているが，また多くの部分が物語からなっている。広義には旧約聖書全体をも指すが，旧約聖書全体は厳密には「律法，預言書，諸書」に分類される。より広義には，記述律法と口伝律法からなるユダヤ教の律法伝承全体を指す。口伝律法が最初に成文化されたのは，後200年頃に編纂されたミシュナにおいてである。これは400年頃に補足・編集されて，バビロニア・タルムードとエルサレム・タルムードとして集成された。イエスやパウロの時代のユダヤ人の多くは，トーラーを神の明確な意思表示とみなし，ほとんど神格視していた。ある者はこれを人格化した「知恵」と同一視した（シラ24章を参照）。トーラーに命じられていることの遵守は，神の好意を得る行為としてではなく，むしろ神への感謝を表明する行為と考えられた。トーラーはユダヤ人アイデンティティを象徴するものであった。

筆記者（scribes）

識字率が低い社会においては，商売や結婚の契約等を代行者として書き記す専門の「筆記者」が必要とされた。したがって，多くの「筆記者」は律法の専門家であり，**ファリサイ派**に属することもあった。もっとも律法学者は，政治的あるいは宗教的に他の宗派に属することもあっただろう。初期の教会においては，「筆記者」がイエスに関する物語等を写本しつつ伝承するという重要な役割を果たした。

ファリサイ派，律法学者，ラビ（Pharisees, legal experts, lawyers, rabbis）

ファリサイ派は，前1世紀から後1世紀にかけて，非公式ながら大きな影響力を持つユダヤ社会の圧力集団だった。少数の祭司階級を含みつつも大半が一般階級から構成されるこの宗派は，ユダヤ律法の厳格な遵守を呼びかけるとともに，聖書に関する独自の解釈と適用とを確立し，民族独立の希望に関する独自の視点を展開した。ファリサイ人の多くが律法の専門家であった。

彼らはトーラーの学びと実践とが神殿礼拝と同等であると教えたので，その意味においてイスラエルの民の民主化に寄与したことになる。もっとも，神殿における独特の典礼規則遵守に消極的な祭司たち（サドカイ派）に対して，これを要求するという面もあった。神殿に頼らないユダヤ人の

あり方を提供したファリサイ派は，ユダヤ戦争（66–70 年）における神殿崩壊後においてもその存在意義を維持し，初期のラビ・ユダヤ教の形成につながった。彼らは父祖の伝承に堅く立ち，政治的には異邦人とユダヤ人指導階層とによる搾取に対して，抵抗運動の前線に自らを置いた。イエスの時代には，ファリサイ派に 2 つの学派が存在していた。より厳格なシャンマイ派は武装抵抗運動も厭わなかったが，もう 1 つのヒレル派はより穏健な立場をとった。

ユダヤ戦争による壊滅的な敗北のあとも，ヒレル派とシャンマイ派とは激しい政治的論争を続けた。バル・コクバの戦いによってローマに対してさらなる敗北を期したあと（135 年），ラビたちがこの伝統を継承した。彼らは初期ファリサイ派の意志を継ぎつつも，政治的な野望から距離を置き，個人的な聖さを求めるトーラーへの敬虔を主眼とした。

福音（良き知らせを参照）（gospel, cf. good news）

復活（resurrection）

一般に聖書的には，人の身体には肯定的な意味があり，たんに魂を閉じ込めるだけのやがて朽ちゆく牢獄というニュアンスではない。古代イスラエル人が創造神ヤハウェの正義と善という問題を深く考えた結果として，神は死者を甦らせるという理解に達したが（イザ 26.19，ダニ 12.2–3），これは古代の異教世界の思想と相容れない。待ち望まれる捕囚からの帰還も，ヤハウェが乾いた骨に新たな命を吹き込んで呼び起こすと言い表される（エゼ 37.1–14）。この思想は，特に殉教体験をとおして，第二神殿期に発展した（Ⅱマカ 7 章）。復活はたんなる「死後の生」ではなく，「死後の生」のあとに来る新たな身体を伴う命である。現在死んでいる者は，「眠っている者」「魂」「天使」「霊」などと表現されるが，これは新たな身体を待ち望む過程である。初期のキリスト者がイエスの復活を語るとき，それはイエスが「天に行った」とか「高挙した」とか「神となった」ということでない。彼らがこれらのことを信じたとしても，それは復活に言及せずとも表現できる。身体を伴うイエスの復活のみが，初代教会の誕生，特にイエスがメシアであるという確信を説明しうる。復活のない十字架刑は，イエスがメシアであるという主張を即座にかき消してしまう。初期のキリスト者は，彼ら自身も主の再臨（パルーシア）の時に新たな身体へと甦らされると信じた（フィリ 3.20 参照）。

捕囚（exile）

申命記（29–30 章）は，イスラエルの民がヤハウェに従わなければ捕

囚へと追いやられ，民がのちに悔い改めるならば呼び戻される，という忠告を与える。バビロニアがエルサレムを滅ぼしてその民を連れ去ったとき，エレミヤなどの預言者はこの出来事を申命記の忠告の成就と解釈し，さらに捕囚の期間（エレ 25.12, 29.10 によると 70 年）について預言した。たしかに捕囚の民は前 6 世紀の後半に帰還し始めた（エズ 1.1）。しかし，帰還後の時代，民はいまだ外国人への隷属状態にあった（ネヘ 9.36）。そしてシリアによる迫害が頂点に達したとき，ダニエル書 9 章 2，24 節が，70 年ではなく 70 週の年（つまり 70 × 7=490 年）のあいだ続く「真の」捕囚に言及した。イザヤやエレミヤなどの預言が成就して，異教徒の圧政から解放される意味での解放に対する切望は，多くあるユダヤ人（メシア）運動を特徴付け続けた。これはまた，イエスの宣言と悔い改めの要請においても重要な主題であった。

ミシュナ（Mishnah）

200 年頃にラビたちによって成文化された文書を指し，イエスの時代にすでに成文化されていたトーラーと共存した口伝律法を文書化したものである。ミシュナは，より多くの伝承を集めた 2 つのタルムード（400 年頃）の基礎となっている。

メシア，キリスト（Messiah, messianic, Christ）

ヘブライ語の文字どおりの意味は「油注がれた者」で，それは基本的に預言者，**祭司**，王を指す。これをギリシア語に訳すとクリストス（キリスト）となる。初代教会において「キリスト」はある種の称号であったが，徐々にイエスの別名となった。実際には，「メシア」はユダヤ教においてより厳密な意味で用いられ，来たるべき**ダビデ**王の正統な継承者を指す。この王をとおして**ヤハウェ**は世に審判を下し，イスラエルを敵から救う。メシア到来に関する理解はさまざまであった。聖書中の物語や約束が多様に解釈され，さまざまな理想や待望運動を生じさせた。とりわけ，(1) イスラエルの敵に対する決定的な軍事的勝利，(2) **神殿**の再建と浄め，とに焦点が置かれた。死海文書は 2 人のメシアに言及するが，1 人は祭司で，もう 1 人は王である。ローマ人によるイエスの十字架刑は，イエスがメシアでありえないことを示すしるしと見なされた。しかし初代教会はイエスの復活によって，神がイエスのメシア性を認めたと認識し，イエスがメシアだという確信に至った。

ヤハウェ（YHWH）

「YHWH」は，遅くとも出エジプトの時期（出 6.2–3）以降，古代イス

ラエルにとっての神を表す語であった。これは本来「ヤハウェ」と発音されたのではないかと考えられる。イエスの時代までには，この名は口にするにあまりにも聖いと考えられ，大祭司だけが年に1度，神殿内の至聖所において発するようになった。敬虔なユダヤ人が聖書を読む場合は，この神名の代わりに「アドナイ（主）」という呼び名を用いた。これを記すために，子音のみからなるYHWHに「アドナイ（Adonai）」の母音が挿入され，「エホバ（Jehovah）」という混合名詞が作られた。YHWHは「ある」という動詞からなり，「私はある者」，「私はある者となろう」，そしておそらく「私はある，それゆえ私はある」という意味を含有し，YHWHの創造的力と権威とを強調している。

良き知らせ，福音，言葉（good news, gospel, word）
「良き知らせ」とそれを表す古英語「ゴスペル（福音）」が示す概念は，1世紀のユダヤ人にとって特に2つの重要な意味があった。第1にそれは，イザヤの預言をもとにしており，**ヤハウェ**が悪に勝利し人々を救出するという期待を成就したことの報告である。第2にそれは，ローマ世界において，皇帝の誕生日や即位の知らせを意味する。イエスとパウロとにとって，神の王国到来の知らせは預言成就であると同時に当時の支配者への挑戦を意味しており，この意味で「福音」は，イエス自身の教えとイエスに関する使徒の説教を指す。パウロは福音自体が神の救済の力を体験する手段だと考えた（ロマ1.16，Ⅰテサ2.13）。新約聖書の四福音書は，イエスの物語を記すにあたってこれらの2点を明確に示している。2世紀以降に出回った他の「福音書」には，イエスの功績からユダヤ教的なルーツを排除し，この世の支配者に対する抵抗というよりも，個人的な信仰を強調する傾向が見られる。イザヤ書はこの創造的で命を与える良き知らせを神の力強い言葉と見なしたので（イザ40.8，55.11），初期のキリスト者はキリスト教の根幹をなす宣言を「言葉」や「使信」などとも言い表した。

ヨハネ（洗礼者）（John [the Baptist]）
ルカ福音書によると，ヨハネは**祭司**の家庭に生まれ，イエスより数か月前に生まれた，イエスの母方の従兄弟である。彼は預言者としてふるまい，ヨルダン川で洗礼を授けたが，これは**出エジプト**の象徴的なやり直しである。これによって民を**悔い改め**へと導き，神の来たるべき審判に備えさせようとした。彼は**エッセネ派**と何らかの接触を持っていたかもしれないが，そのメッセージはこの宗派の思想と異なる。イエスの公的生涯の開始は，ヨハネによる**洗礼**をとおして承認された。ヨハネはその王国に関する説教の一部として，兄弟の妻を娶ったヘロデ・アンティパスを公に批判

した。その結果ヘロデはヨハネを投獄し，妻の要望に応えて打ち首にした（マコ 6.14–19）。ヨハネの弟子たちは，その後しばらくのあいだ，キリスト者共同体とは独自の道を歩んだ（使 19.1–7）。

ラビ（ファリサイ派を参照）(rabbi, cf. Pharisees)

律法（トーラーを参照）(law, cf. Torah)

律法学者（ファリサイ派を参照）(legal experts, lawyers, cf. Pharisees)

霊（命，聖霊を参照）(spirit, cf. life, holy spirit)

《訳者紹介》
浅野淳博（あさの・あつひろ）
フラー神学校で修士号，オックスフォード大学で博士号を取得。
現在は関西学院大学教授，京都大学講師。
単著　*Community-Identity Construction in Galatians*（London: T. & T. Clark, 2005），『ガラテヤ共同体のアイデンティティ形成』（講談社 POD, 2012年），『NTJ 新約聖書注解　ガラテヤ書簡』（日本キリスト教団出版局，2017年）他。
共著　*The Oxford Handbook of the Reception History of the Bible*（Oxford: OUP, 2011）、*Trinity among the Nations*（Grand Rapids: Eerdmans, 2015）、『新約聖書解釈の手引き』（日本キリスト教団出版局，2016年）他。
訳書　R. ボウカム『イエスとその目撃者たち』（新教出版社，2011年），J.D.G. ダン『使徒パウロの神学』（教文館，2019年）他。

N. T. ライト新約聖書講解 9
すべての人のためのローマ書1── 1-8章

2021年7月30日　初版発行

訳　者　浅野淳博
発行者　渡部　満
発行所　株式会社　教文館
〒104-0061 東京都中央区銀座4-5-1 電話 03（3561）5549 FAX 03（5250）5107
URL　http://www.kyobunkwan.co.jp/publishing/
印刷所　モリモト印刷株式会社

配給元　日キ販　〒162-0814　東京都新宿区新小川町9-1
電話 03（3260）5670　FAX 03（3260）5637

ISBN978-4-7642-2089-8　Printed in Japan